「勉強しろ」と言わずに子供を勉強させる法

小林公夫
Kobayashi Kimio

PHP新書

はしがき

小学校時代、いつも教師から天才と呼ばれている一人の少年がいました。国・算・理・社がオール5、体育も得意で絵も極めて上手でした。

中学は学区の都合で私と異なる中学校に進みましたが、その天才少年が進んだ学校の同級生に会うと、いつも彼のことが話題に上りました。なんでも、授業中に教師から「君は天才なのだから、もっと勉強しろ」と言われているとのことでした。

時が流れ、大学受験の浪人時代、私は都内の大手予備校の難関国立コース（選抜クラス）に通っていましたが、偶然同じ予備校の平凡なクラス（無試験クラス）に彼を見つけることになるのです。当時その予備校では、毎週、全校テストの上位者が実名で公表される習慣がありました。優秀者が貼り出されるたびに、私はいつも彼の名を探しました。しかし、天才であるはずの彼の名は、ついぞ一度も見たことがありませんでした。翌春の予備校の掲示によると、彼はその後、都内の私立大学に進んだようです。

一体、天才と呼ばれていた彼に何があったのでしょうか？　なぜ、彼は十九歳にしてタダの人になってしまったのでしょう？　これは私にとって永遠の謎であり、解明せねばならないテーマでした。

私は大学時代から、およそ三十年間、中学受験生を皮切りに、医学部受験生、司法試験受験生、ロースクール受験生を指導してきました。なぜ、このように多様な受験指導をこなしてきたのか、私自身、その理由を問われても、明確な答えを持ち合わせている訳ではありません。ただひとついえることは、私は教えることが好きで、難解と称される試験の指導に興味があったということに尽きるのだと思います。

ちなみに、十七年間代表を務めた医学部受験予備校では、成績の奮わないご子息の偏差値を一年間で一五から二〇以上も上昇させ、総計一〇〇人以上、医学部に入学させた経験を持っています。

そして、多くの学生を指導するプロセスで伸びる子供（生徒）と伸びない子供（生徒）の差異がどこにあるのか、それは、本人の知性、成育の環境、ご両親の特性、職業と、どういう関わりを持っているのかを詳細に分析、検討する機会を得ました。その意味では本書には、実体験から得られた生きたデータが詰まっているといっていいでしょう。

本書で取り上げた事例は、私がこれまでの教育過程で目にしてきたあまたの受験生の実像と身の周りで目に留まった顕著な事例（タダの人、タダ者じゃない人）をもとに構成されています。

第1章では、伸びていく子供の「原動力」とは一体何か、プラスの方向に人が成長する法則の秘密を七つのケーススタディをもとに追求しました。

一方、第2章では、なぜ、優秀な人が突然できなくなる〝逆行現象〟が起きるのか、をテーマに六つのケーススタディを紹介しています。ここには、先の天才少年が凡庸《ぼんよう》になってしまった原因の一端が垣間《かいま》見《み》えるのではないでしょうか。

お恥ずかしい話ですが、第3章では、私の至らない子育て体験、失敗例なども若干披露し、さらに第4章では、過去に中学受験生を教えた経験から過熱する中学受験を勝ち抜く強靭《きょうじん》な子供を育てるために、親は子供とどう向き合うべきか、また、何ができるかを、アドバイスさせていただきました。

そして、第5章では、いわゆるエリートと呼ばれる職業を目指す学生たちの実態・日々の努力をリポートし、最終章においては、学問を〝学ぶ〟こと以上に、人間にとって大切な〝何か〟があることを、記しておきました。

紙幅の都合から、掲載事例と引用されているデータに限りはありますが、子育てに悩む親御さんや、目的を持ち自己啓発に励む受験生、さらに社会人の皆さんの参考になれば、著者としては、この上ない幸せを感じます。最後になりますが、本書の出版に努力して下さったPHP研究所の西村健氏と、取材にご協力いただいた関係者の皆様に心から、感謝致します。

「勉強しろ」と言わずに子供を勉強させる法◉目次

第1章 できる子はここが違う！

第2章 できなくなるには理由がある

第3章 著者の子育て奮闘記

第4章 中学受験生を教えた経験から
――中学受験を戦うために親がやるべきこと――

第6章　社会の人間として「できる力」を身に付ける

第1章

できる子はここが違う！

1. 実例① 子供の人生を肯定する親は子供を伸ばす

親の〝放任・肯定主義〟が彼女をやる気にさせた

人は、どのようにしたら「できる子」に成長するのでしょうか。「できる子」の原動力とは一体なんなのでしょうか。多くの方が高い関心をお持ちのテーマではないかと思います。第1章では「できる子」の実例を紹介し、皆さんの疑問にお答えしていきたいと思います。

私は先日、大学院の修士課程に在籍する女性に話を聞くことができました。仮にA子さんとしましょう。

A子さんは、「子供がどういう学校や仕事に進んでもかまわない、子供が幸せであればそれでいい」という教育方針の親に育てられました。親からは「将来はこうなってほしい」と言われたことが一度もないのだそうです。大人になってから親に自分の子供の頃のことを尋ねると「別に勉強ができなくてもいいと思っていた」と言われたそうです。

A子さんの親は理解のある人でした。A子さんが「やりたい」と興味を示したことはなんでも無条件に応援してくれました。金銭的援助も充分にしてくれました。たとえば「ピアノを習いたい」と言ったときも、「いいんじゃない」と、すぐにピアノを買い求め、レッスンに通わせてくれました。

こうした親の行動の背景には、「自分のことは自分で決めさせ、親の敷いたレールの上を走らせるようなことは決してしない」という子育てに対する確固たる姿勢があったのです。そのような難しい背景を知る由《よし》もない子供の頃のA子さんは、親がいつも自分のことを肯定してくれることに〝快感〟を覚えたと言います。そして、より一層頑張ろう、という気持ちになっていったのだそうです。

東京の〝御三家〟に進学するはずが、病気で成績が急降下

中学入学後、A子さんは起立性調節障害のため、学校の授業にほとんど出席できない状態になりました。病気のため学校へ行けない日もあり、また登校したとしても終日保健室で過ごすなど、満足に授業に出られない状況でした。

こうした病気を抱えた生活が、六年もの間続きました。そのため、中学では当初、東京の〝御三家〟といわれる高校を目指せるほど成績優秀だったのですが、当然のように学校での

成績は見る見る落ちてしまいました。それでも最終的には、地元でトップ校と言われる女子校に合格したのですから、もともとは相当に優秀な子供だったということなのでしょう。

大学受験も病気のために失敗し、残念ながら一浪することになりました。二年目、A子さんの第一志望はW大でしたが、あろうことか試験当日に病気とプレッシャーで倒れてしまい、受験すらできなかったのです。それでも第二志望の有名女子大にはなんとか合格することができました。そのとき、親がこんな言葉をかけてくれました。「きっと神様の思《おぼ》し召しでこの女子大に合格させて下さったんだよ。W大は最初から縁が無かったんだ」。この言葉によって、A子さんは「W大に落ちた」という挫折感が薄れ、合格した女子大に入学して頑張ろうと決心することができたのだそうです。

大学四年になり就職を目前に控えたとき、家族内で「A子は体が弱いから、就職するよりも大学院へ進んだ方がいいのではないか」という話が出ました。教授に相談すると、「君は成績優秀だから、うちの大学院ではもったいない。国立のG大の院はどうだろうか」と勧められました。そして見事合格し、A子さんは現在、その大学院に在学中です。

親は逆境や挫折を肯定し続け、プラス思考で励ましてくれた

病気のために学校へ行けない、成績が下がる、希望の高校や大学も受けられない――。途中で何度もつぶれてしまいそうになる要素がたくさんあったにもかかわらず、なぜA子さんはそれを乗り越えることができたのでしょうか。

それは誰もが挫折感を味わうような局面でも、親が事態を重大に捉えなかったため、本人のショックが和らいだのだと思われます。いや、もしかしたら、親も内心は重大に捉えていたのかもしれませんが、少なくともそれを表には出さずに彼女と接し続けたのです。

都内の高校〝御三家〟への進学が夢と消えたときは、「何も東京の高校でなくてもいい。東京まで通うのは身体のことを考えても大変だ。A子が行く地元の県立女子高も県下一の立派な学校じゃないか」と言ってくれました。

大学を一浪することになったときも、「体が弱いのだから仕方がないよ。それに早生まれなんだから、一年間の浪人など気にすることはない。生まれるのが何ヶ月か遅かったら、一年下の学年だったのだから」と慰められました。

二年目のリベンジで第一志望のW大に落ちたときは、「合格した女子大も立派な学校だよ。お父さんの出身大学では、この女子大の学生にコンパを申し込んでも相手にされなかったもんだ」と妙な励まされ方もしました。

夢をくじかれたときに、当然A子さんには相当な挫折感があったはずです。しかし親は、否定的側面や本人にとってマイナスイメージとなる要素には一切触れず、少しでも肯定的要素を見つけ、プラス思考で励まし続けました。A子さんにとってはずいぶん慰めとなったようです。子供の人生を、たとえどのような結果になろうとも否定せず、肯定し続けることが、子供に対しては非常にいい影響を与えるということなのでしょう。

昨今の受験戦争や学歴社会の中で、親は子供を自分の思うがままの方向に向かわせようとするのが当たり前だと考えがちです。そして、親が理想とする将来像へつながるよう、何としても我が子を進ませようとする。そのレールから子供が外れようとすると子供の言い分も聞かずに叱りつけ、元のレールに戻そうとする親が多いのです。外れようとするのにはそれなりの理由がある、それを親身になって聞き、相談に乗ってやることができないのです。

しかし、子供が持って生まれた個性や長所・短所といったものは、たとえ親であっても最初からわかるはずがありません。子供は自分が好きなこと、興味を持ったことに挑戦し、それがたとえ失敗しても、また新たな目標を見つけそれに向かって努力していきます。その一連の行動によって自分の短所を補い、長所を伸ばし、大きく成長していくものではないでしょうか。

親の価値観を押し付けてはいけない

また、「何が幸せな人生なのか」という価値観も、人それぞれ違います。もちろん、親子の間でも違いがあるはずです。それをはじめから頭ごなしに、親の価値観を押し付けるようなことをされれば、子供はやる気を失ってしまいますし、何よりも、その子の持っている素晴らしい才能の芽を摘《つ》みとってしまうことにもなりかねないのです。そういう親に育てられた子は、親の意に反して、不幸を感じ、親を疎《うと》ましく思ったり、時には憎むことさえあるでしょう。あまりにも従順に親の言いなりになっていた子供が、突然キレてとんでもない事件を起こすということも最近では珍しくなく、社会問題ともなっています。

子供がよほどの悪事に手を染めようとしているような場合であれば、それを戒《いまし》め、正してやることが親の務めであることはいうまでもありません。しかしそうでない限り、子供が親にとって少々気に入らないことをしたり、親の理想とかけはなれた方向へ向かおうとしても、親は心を広く持って見守り、むしろそれを応援してやるべきなのです。なぜならそれが、その子にとって一番幸せな人生であり、その子の長所を最も伸ばす方法でもあるからです。

私は、なんでもかんでも子供の言いなりになっていればいい、といっているわけではありません。時として、人生の先輩として意見やアドバイスをすることが、子供にとってプラスになることは間違いありません。しかし、それが決して押し付けがましくなってはいけない、子供の人生は子供自身のものであることを忘れてはならないと思うのです。もし本当に子供の幸せを願うのならば、子供に対して何をしてやれるのか、何をしてやらなければならないのか、何をしてはいけないのか、ということを真剣に考えなければなりません。

ポイント

子供が失敗や挫折をしても、決して否定してはならない

①親が結果を肯定し、励ますことが、子供の立ち直りの契機となる。
②子供の人生は子供自身に決めさせる。そうすれば、子供の長所は伸びる。

2. 実例② 同じ目標を持つ強力集団でやる気が倍増

勉強すると両親に褒めてもらえるのが嬉しい

体育会系は就職に有利である――。大学の就職部に勤める知人に、以前、そのような話を聞いたことがあります。大学時代をスポーツなどの部活動で過ごした学生は、厳しい練習を乗り越えてきていることから忍耐力や協調性が養われ、会社に入ってからも少しのことでは音《ね》を上げないし、他の社員と協力して仕事を進めることができるそうです。その点が企業に好まれ、高い就職率に結び付いているということでした。

I子さんは運動部ではありませんが、進学した私立中学でコーラス部に入ったことで、その後の運命が大きく変わることになりました。

I子さんの暮らす東京・八王子市は、都下の比較的のんびりとした時間の流れる街です。I子さんの通う公立小学校も受験や競争といったイメージとは対極にあり、I子さん自身、中学受験は別の世界の話と全く興味がありませんでした。勉強らしきものといえば、学校の勉強を補うために、小学四年生から補習塾や公文式《くもんしき》に通っていただけです。しかし、小学六年生のとき、あることをきっかけに中学受験の準備を始めました。

きっかけは〝引越し〟です。数年先に引越しをする計画が家族に浮上し、I子さんが転校しないでも済むようにと、両親は私立中学への進学を考え始めたのです。公立中学だと引越しによって転校せざるを得ません。仲の良い友達とも別れ、学びの環境も変わってしまいます。「娘に辛い思いをさせたくない」という両親の気持ちを嬉しく思ったI子さんは、私立中学の受験を決意したのでした。

ところが、I子さんが受験することになっても、両親は「勉強しなさい」と言って彼女を無理に机に向かわせることはありませんでした。ただ、勉強をするとすごく褒《ほ》めてくれたので、I子さんはそれが嬉しく、自ら進んで勉強をしたと言います。

塾や学校でかんばしくない成績をとったときも、I子さんにかける言葉は「残念だったね」という程度でした。普通ですと「こんな成績では志望校に合格できないでしょ!」「勉強しているようで大して身に付いていないんじゃないの?」などとガミガミと怒ってしまいがちです。けれども、彼女の両親は違ったようです。I子さんは親に怒られてガッカリして、それでやる気をなくす……という通常のパターンを経験することはありませんでした。

両親が怒らずに褒め続けたことで、I子さんは褒められたい一心でますます積極的に勉強するようになります。そして受験勉強を始める時期が遅かったにもかかわらず、第一志望の私立中学への合格を見事に果たしたのです。

Ｉ子さんが進学した私立中学は、生徒全員が高校に内部進学できる中高一貫校でした。そのため中学校生活では、生徒はみんな必死に勉強するということもなく、比較的のんびりと過ごしていました。Ｉ子さんも同級生と同じように学校生活をエンジョイしていましたが、彼女の両親はここでも、彼女のやる気を加速させる言葉をかけていました。

テスト前になると決まって「テストで頑張ったら何かご褒美《ほうび》を買ってあげましょうか？」と、彼女と買うものを約束するのです。中学生のＩ子さんにはテレビゲームのソフトやパソコン、ＣＤなど、欲しいものがたくさんあります。Ｉ子さんはご褒美欲しさに、テスト前の二週間ほどは詰め込みの勉強で頑張りました。その甲斐あって成績はいつも中の上位をキープしていました。

規律が厳しい部活にはできる子が多い

中学・高校とコーラス部に所属したＩ子さんですが、どういうわけかコーラス部や吹奏楽部には、昔から勉強のできる生徒が多く在籍していることに気づきました。

中でもコーラス部は練習が厳しいことで有名で、練習は毎日欠かさずにありました。土曜日・日曜日も朝の九時から五時までみっちりと練習がありました。しかも、文化部であるにもかかわらず、声量をアップさせる目的で、腹筋と背筋を鍛える体操を毎日一〇〇回ずつ行っていたといいますから、半端《はんぱ》ではありません。

こうした運動部も顔負けの練習を続けたことで、彼女のコーラス部はＮＨＫのコンクールに出場するほどの実力を付けていったそうです。

さらに、このクラブは先輩と後輩の上下関係や規律が厳しく、子供にとってはかなり窮《きゅう》屈《くつ》な環境にありました。しかし、こうした環境で頑張ることで我慢や忍耐力が身に付き、自分を律することが自然にできるようになったのです。

こうして高校三年で引退するまでの間、Ｉ子さんはコーラス部で頑張り続けましたが、クラブを引退した途端、時間がポッカリと空いてしまい、困惑してしまいます。それまでの生活はクラブ中心で回っていたので、それがなくなってしまうと充実していたその時間をどう過ごしていいのかわかりません。

このとき、Ｉ子さんはすでに高校三年生でした。大学受験は目の前です。彼女は空白となった時間を埋めるかのように、受験勉強に全エネルギーを集中させていきました。

けれども、一般の高校生ですと、高三になったからといって急に受験勉強に集中するのはなかなか難しいものです。なぜ、Ｉ子さんはそこまで受験勉強に集中することができたのでしょうか？

その理由のひとつに、彼女の目的意識の高さがあります。

部活で培った忍耐力と体力で、学力倍増

彼女の高校では、二年生になると道徳の時間にＯＢがやってきて、それぞれの先輩が自分の仕事について後輩に話をするという授業が行われていました。このときなされる先輩たちのリアルな話は、彼女にとり将来を真剣に考えるきっかけになったのです。そしていつの頃からか、漠然《ばくぜん》とマスコミ関係に進むか学校の先生になりたい、と思うようになったと言います。

また、Ｉ子さんは家庭でも父親の昔話をよく聞かされていました。父親は事情があって大学を中退してしまったのですが、そのために大変な苦労をしたそうです。

先輩や親たちの話を聞くうちに、Ｉ子さんの心の中でひとつの決心が固まり始めました。

「私は大学に行く。それもいい大学に進学して未来を切り拓く！」

これが動機付けとなり、彼女はコーラス部で培った忍耐力と強靭な体力を武器に、猛勉強を始めたのでした。

Ｉ子さんの努力は実を結び、難関私立大学に見事、現役合格を果たしました。もちろんその陰では大変な努力が必要でしたが、受かると信じることで頑張り抜くことができたそうです。これもコーラス部で鍛えられた精神力のたまものでしょう。

また、彼女の両親も、勉強をしていたら褒める、模試で良い成績を出せばもっと褒める、ということを忘れていませんでした。しかも大学受験のときに通っていた塾の先生も褒め上手で、彼女にさらなるパワーを与えてくれたのです。

大学入学後、Ｉ子さんはマスコミへの就職を意識して、サークルは放送研究会に所属しました。同時にマスコミ講座のある予備校にも通い始めました。また、教職に就くことも想定し、同時進行で塾で講師のアルバイトもしているそうです。

「目標を同じくする人と一緒にいると自分のモチベーションも自然と高まります。それで、大きな目標に向かって頑張ることもできます」

Ｉ子さんは、どういう環境に自分の身を置き、どうすれば自分の能力を最大限に引き出せるかを、熟知していました。原点となった場所はやはり中学・高校時代の部活動でした。彼女はここでの活動を通して、目標を定めること、目標に向かって耐えることの大切さを知り、みんなと一緒に頑張り続ければ夢は叶うということを学んだのです。

ポイント

能動的で粘着性がある子は大きく伸びる

①「勉強すれば褒めてもらえる」ことが、子供の自発性・機動性を高める。
②仲間と同じ目標を掲げ努力することで、モチベーションを高められる。

3. 実例③　長所を伝えることで子供は伸びる

小学校低学年での読書のススメ

私の知人で、大学院の博士課程を経て、都内の大学の講師をしている男性がいます。仮にE君としましょう。

E君は小さい頃からできる子であったわけではありません。中学校時代の成績もさほど良かったわけではありません。そんな彼がなぜ研究職に就くほどに成長したのか、ターニングポイントはどこにあったのか、その秘密を紐解《ひもと》いてみましょう。

小学校の頃のE君は、天文学に興味があり、日々望遠鏡を覗《のぞ》いていました。小学校の卒業文集には、「将来の夢は国立天文台で働くこと。つまり、天文学者」と書いてあります。E君いわく「国立天文台への就職は、東大の理科I類に入学し、その後成績がトップクラスでないと無理だと知ったのは、ずっと後になってからでした。今にして思えば、夢だけは大きな子供でした」。

その小学校では、いたずら好きな仲間たちと、授業中抜け出してしまったり、気に入らない先生に廊下で給食の台車をぶつけたり、普通どころか手に負えない悪ガキ時代を過ごしてきたようです。

そのあまりの悪ガキぶりに担任の先生も手を焼いて、E君たちのエネルギーを別の方向へ発散させようと思案しました。そして、小学校の校庭にある図書館から本を借りて読書感想文を書く、ということを提案したのです。先生は、推理小説でも図鑑でもなんでも良いから好きな本を読んで、感想文を書くように勧めました。

E君は、ガストン・ルルーの「黄色い部屋の謎」、エドガー・アラン・ポーの「モルグ街の殺人事件」、コナン・ドイルの「バスカビル家の犬」などの推理小説から、小泉八雲の「怪談」、ジュール・ヴェルヌの「海底二万里」、エーリヒ・ケストナーの「飛ぶ教室」など、気になった本を読み、次々に感想文を書いていったのでした。提出した感想文の出来が悪くても、なんらかのコメントを必ず書いてくれる先生のおかげで、E君たちはいたずらよりも感想文を書くことに夢中になり始めました。どんどん読んではどんどん書いていったのです。担任の先生による上手なエネルギーの昇華方法のおかげで、同級生の中には、その後、文筆家になった友達もいるそうです。その担任の先生自身もペンネームを持つ詩人だったそうで、本を読むこと、ものを書くことが好きだったのでしょう。そしてさらに彼らの書いた作文に赤字で必ず論評してくれることがE君たちにとり新鮮で、新しい世界の広がりを感じたのだと思います。

君は一〇〇点をとれる人。九八点は似合わない

本を読み、感想文を書くことで広い世界観を身に付けていったE君ですが、中学校での成績は中の上くらいで特別いいというわけではありませんでした。ただ、通知表のコメント欄には「研究者タイプで、わからない物事が出てくると、最後までやり遂げようと追求する」と書かれていることがあり、息子のそうした一面を知らなかった母親は驚いたそうです。先述しましたように現在、研究職に就いているE君ですが、先生の言葉はまさに的を射ていた

のです。通知表のコメントを見てからは、E君自身も「僕は研究者タイプなのかな?」と、先生の言葉に敏感に反応していたようです。そのことも今につながっているのかもしれません。

E君は中学二年生から神奈川県の中学校に転校しました。当時E君は社会と理科が得意で、社会科のアチーブメントテストではたったひとつ間違えただけで、満点近い点をとるほどでした。

しかし、社会の先生は、放課後、教室の掃除をしているE君のそばを通りかかり、「E君、きみ、今回似合わない点をとったね」と言うではありませんか。続けて「頑張らないとダメだよ、こんな点をとっていたら」とも言い、E君のみならず一緒に掃除をしていた周りの友人たちをビックリさせました。

それはそうでしょう、たったひとつの間違いなのですから。しかし先生の真意は、次に会った時にわかりました。先生は「E君、きみは一〇〇点をとれる人なのに失敗したね」と言ったのです。先生はE君がいつも一〇〇点をとることを期待していたのでしょう。先生のその言葉から、E君は「もしかして僕は頭がいいの?」というプラスに作用する思い込みをし、さらに自信が付いたそうです。

またこの社会の先生は、卒業までに日本の地図と世界の地図をきれいに書けるように指導もしてくれました。これはE君にとって頭の中に図解的な発想を取り入れる訓練となり、さらに全体を把握する力も付き、非常に意義のある経験でした。この先生の授業は、覚えることよりも「なぜなんだろうね」という問いから始まるものだったことも、今のE君に大きな影響を与えています。

先生の褒め言葉で、だんだんその気に

高校生になり理科系に進んだE君ですが、世界史のテストでさらなる自信につながる先生の言葉に出合います。高校二年のときです。

「ナポレオンの大陸封鎖令の意義について五〇〇字以内で述べよ」という、配点が一〇点の問題が出題されました。戻ってきた答案をE君が見ると大きな丸が付いており、一五点が付いています。E君は先生の採点ミスと思い、教壇に答案を持っていきました。

しかし先生は「きみの文章は極端に優れているから一五点を付けた」と言い、さらに「文章がうまいなあ、お前の頭は本当に理科系なのかなあ。文科系に進んだ方がいいんじゃないか」と進路についてまで言及したのです。

これと似たようなことは次の年の高校三年生のときにもありました。それは「荘園制度の問題点を述べよ」という宿題が出たときのことです。その授業の際に学校を欠席していたE君は、そんな宿題が出ているとは知りませんでした。朝、教室に入ると、クラスメートがみんなカリカリと何やら書いていました。「これ提出しないとマズイぞ」と言いながら、まとめている者もいます。友達に事情を聞き事態を理解したE君は、慌《あわ》てて五分で、教科書を見てレポート用紙に書き上げました。

次の授業のとき、先生は教室に入るなり、ジロッとあたりを見回し、「一昨日の宿題ですが、この中に不正をした者がおります。Eちゃん、どこにいる、きみのことだよ。こいつはダメだな、大学生が付いているな」と言うではありませんか。E君のレポートの文章があまりにもうまかったため、先生は勘違いをしたのだと後から判明しました。

E君は遅刻も多くいい加減なところがあったのですが、得意の数学は高校一年生の冬に数Ⅲの微積分まで終わらせていました。また漢文の授業では、オカマのような先生に「E君、キミ一体どうなってんのよ、ここ三週間、授業中ずっと寝っぱなしじゃなぁ～い」と甲高《かんだか》い声で叫ばれても、中間も期末もテストではいつも一〇〇点をとっていました。

一日三問、昼食時の国語特訓

しかし一方で、授業中に寝ているわけでもない現代国語だけは常にダメだったようです。あるとき先生から呼び止められ「なぜ国語の伸びが悪いんだ？　これから毎日三問プリントを渡すから、昼食時に職員室に持ってきなさい」と言われました。一度にどっさりプリントを渡されるわけではないので、毎日続けられることができ、おかげで先生との絆《きずな》も深まったそうです。

プリントで小説、評論と幅広くバランスよく読ませてくれた先生との一年間は、E君の世界観をさらに大きく広げていきました。たとえば詩の問題では、「花のように雲たちの衣裳が開く」という抽象的な表現から始まる詩のタイトルを答えさせる問題が出ました。E君が「水泳」と解答したところ、先生は丸付けをしながら「残念だな、村野四郎の『飛込』という詩なんだよ」と教えてくれました。

三島由紀夫の「鏡子の家」や佐藤春夫の「田園の憂鬱《ゆううつ》」、中根千枝の「タテ社会の人間関係」、寺田寅彦の随筆などが問題に出題されたときは、E君は今まで想像したことのない物書きの才能や世界観を垣間見ることができ、非常にいい勉強になったそうです。

小学校時代からその頃までの「出会った先生によって与えられた、文章を読む（読まされた）時間」というものが、今現在、E君の仕事にも役に立っているそうです。

どんな子供にも、優れたところはある

E君は大抵の得意の科目は、授業中寝ていたり内職などをしていましたが、テストでは常にいい結果を出していました。ただ現代国語のみが極端に出来が悪く、先生が「これはなんとかしてやらねば」と手を差し伸べてくれたのでしょう。別に全ての先生に好かれなくとも、かたわらで見守り評価してくれる先生は必ず力をくれるものなのだ、ということをE君は知ることができました。

もしかしたら先生は、E君を実像よりも褒めていたのかもしれません。しかしその言葉は、E君に自信を持たせ、能力を引き上げる力となりました。褒め言葉がE君を向上させ、夢へ向かってプラスの影響を与えたことは間違いありません。

私は今、受験生や大学院生を教える立場として、E君に声をかけてくれた先生たちのように、学生たちには「きみのここはとても良いよ」「この点はまずいけれど、次はこのように是正してみよう」と必ず前向きな発言をするようにしています。

子育てにも同じことがいえるのはないでしょうか。どんな子供にもどこか良いところが必ずあるものです。ですから親はそういう目で子供と接するように努めなければいけません。また、そういう暖かい目で、子供を見つめてみて下さい。

私は皆さんに一覧表を作ることをお勧めします。この子の創造性はどうか、記憶力はどうか、分析力はどうか、といった一覧表を作り、子供の特性を親なりに把握するのです。子供にその一覧表を見せて、どうこう話をするのではありません。特性を理解した上で、良いところを褒め伸ばしていく。その言葉が子供の自信となり、子供はさらに向上していくのです。

ポイント

教師の褒め言葉が最大の『勇気』

①どんな子供にも、光るものはある。その輝きを見逃すな。

②子供の特性を把握するのは、親の重責。

4. 実例④ 九年間の浪人生活を耐えられた理由

放任主義の両親――一人ジプシーのようにアメリカ生活――

人は一般に、生活のさまざまなシーンで目標を定め、それに向かって頑張ろうとします。会社での昇進のためにTOEIC八五〇点を目標に英語を勉強するお父さん。おいしい「キッシュ」や「ブイヤベース」を家族に食べさせることを目標に料理教室に通うお母さん。ダイエットに関心のあるお姉さんは体重マイナス五kgが目標。日々の小さな目標から将来の大きな目標までいろいろありますが、私たちは気が付けば自分の中に目標を掲げています。逆にいえば、目標があるからこそ、今何をすべきかがわかるのです。

ここに紹介するN君は、将来の目標が全く見つからず、そのため勉強する意味も見出せないまま、世界を放浪していました。そのN君が目標を見つけたとき、彼はどう変わっていったのか。目標が人の行動に及ぼす影響について、一緒に考察していきましょう。

放任主義の両親に育てられたN君は、小さい頃から自由奔放《ほんぽう》な子供でした。幼稚園のときには送迎バスに乗ったふりをして、一人どこかへ行き、そこで一日中遊んでいたというから驚きです。しかもこうした「さぼり」は一度や二度ではありませんでした。しかしそんな奔放さを両親はとがめることなく、N君はそのまま成長していきました。

また、N君の両親は「勉強をしなさい」とか「この成績はなんだ！」とか、よく親が言うようなセリフは一切言わず、彼の進路について指図するようなことも無かったそうです。

結局彼は東京の中学を卒業後、オーストリアの高校へ留学しました。その後はアメリカのカレッジへと進んだものの、学校に通う意味がわからず中退してしまいます。しかしこのときも両親は「日本に帰ってきなさい」とは言わなかったため、彼はそのままアメリカに残り、友人の父親の仕事を手伝いながら、ジプシーさながらの生活を送っていました。

普通の親ならそんな生活を送る息子をなんとかしたいと思うものですが、彼の両親はそうではありませんでした。我が子が人生の目標を見出せるまで気長に待ち続けてくれたのです。

そんなある日、彼を突き動かしたある出来事が起こりました。祖母の危篤《きとく》の知らせがアメリカに届いたのです。

祖母の危篤に遭遇し、見えてきた医師への夢

ずっとお婆ちゃん子だったN君は、この知らせを受けるとすぐさま日本へ飛んで帰りました。幸い祖母は命をとりとめたものの、リハビリが必要な体になってしまいました。大好きな祖母の手助けをしたいと考えた彼は、すぐさま日本に帰国し、三ヶ月もの間、祖母のリハビリを根気よく懸命にサポートし続けたのです。そして、このリハビリをサポートしたことで、N君の心に少しずつ変化が起こり始めました。

リハビリを続けることで、祖母の体は少しずつ、確実に機能を取り戻していきました。N君はこの経過を見ることがとても嬉しかったと言います。しかも、これまで見守ってくれた祖母が自分を頼りにしてくれることで、やりがいを感じるようにもなったのです。今まで好きなように生きてきて、人の役に立つことはほとんど無かったN君にとって、このような経験は生まれて初めてでした。そして、この三ヶ月の経験により、N君は人の健康増進に寄与する「医師」という仕事に興味を抱き始めたのです。

考えてみると、N君はもともと困っている人を見たら手を差し伸べたいと思う性格で、以前電車の中で人が眼前で倒れたときは、全く何もしてあげられない自分にはがゆさを感じる

こともあったと言います。

「医師になって、病に苦しむ人を助けてあげたい！」――いつしか彼の夢は強固なものとなり、その夢に向かって邁進《まいしん》することになったのです。

六本木ライブラリーはやる気の宝庫

それからN君の生活は一変し、朝から深夜まで勉強漬けの毎日が始まりました。朝は七時に起床し、九時には六本木ヒルズにある六本木ライブラリー（図書館）に直行します。そこで毎晩十二時まで猛勉強を続けたのです。

学習の場がどうして六本木ヒルズだったかというと、そこの図書館は社会人や資格試験を目指して勉強をしている人が多く、モチベーションの高い人が多く集まっていたからだそうです。学生の多い区立の図書館とは異なる雰囲気が、N君自身のモチベーションを上げることにも役立ったのです。

こうした環境のもと、N君は一日十四時間もの勉強を続けたのですが、日本の高校で学ばなかった上に、これまであまり勉強をした経験が無いという事実が彼の前に大きな壁となって立ちふさがります。予想はしていたものの、やはり医学部の合格ラインにまで成績を上げるのは容易なことではありませんでした。

しかし、N君はあきらめませんでした。目標に向かって粘り強く努力を続け、九回目の挑戦で、ついに私立医科大学合格という夢を実現させたのです。

明確な目標がなければ、努力は続かない

「九年間も受験勉強をして、もし受からなかったらどうしよう……」こんな心配がN君を悩ませることは何度もありました。でも、絶対に受かると信じていたから、九年間も頑張り続けることができたのだと彼は言います。

ただ、見事合格を勝ち取った今でも、大学を落ち続けた記憶が蘇《よみがえ》るようで、N君は春が好きになれないそうです。本来、春は合格の季節なのに、それでも春が好きになれないというのには理由がありました。それは、彼が不合格の通知を受け取るたびに味わった辛さが、春特有の光景や暖かさ、風のにおいから蘇るからです。

しかし、そんな辛さを味わいながらでも医大に合格する夢をあきらめなかった理由を、N君はこう語っています。

「自分の場合、明確な目的があったから勉強が続けられたのです。大抵の人間は、目的が定

まり、自分が何をしたらいいかがわかれば、学力はある程度伸びてくると思います。でも、目的が見つからず、宙ぶらりんであれば努力も続かないし、そこで終わってしまうのではないでしょうか」

N君は小学生の頃、勉強に意味を見出せませんでした。その結果、周りの子供たちが親や先生に言われるがままに学習している姿がいやで、彼は拒否してしまったのです。しかし、これは何事も受け身ですることが嫌いだった彼の性格によるもので、N君自身は幼い頃から受動的な勉強を完全に否定しているわけではありませんでした。とにかく与えられるままに勉強をすれば、ある程度の学力は身に付くからです。ところが、そのままずっと受動的なまま学習を進めても、学力の向上は望めないのではないか、と彼は考えています。

勉強には目標や動機付けは絶対に必要なものです。そのためには、親や先生が将来のさまざまな選択肢を子供に示すことが大切だと思います。

「受験勉強は楽しいとは言えませんでした。でも、医大に合格し、本当に興味のあるものを学べるようになった現在、膨大な医学の知識を吸収することは、本当に楽しいものですよ」

こう語るN君は、ようやく勉強することの真の意味を知ることができたようです。

ポイント

勉強には明確な目標・動機が必要

①受け身のままでは、長期にわたる勉強は継続できない。
②明確な目標・目的が定まれば、人は想像以上の能力を発揮する。

5. 実例⑤「背水の陣」で道が拓けた

負け犬にならない、医者になりたい！

私が医学部受験予備校を主宰《しゅさい》していた頃、さまざまな学生が将来の夢を持って入校してきました。しかし、夢への思いの強さ、目的の高さによって、その子たちの方向も変わっていく現実を目《ま》の当たりにしてきました。そこで、同じ授業を受けている予備校生ながら、「医者になる」という夢が叶う人、また、叶わない人との違いは何かを考えてみました。

都内の理系の私立大学を卒業したOさんのケースを見てみましょう。医者の娘であったO

さんは大学卒業後、ある会社の研究所に勤務しましたが、研究所のひとつの歯車として働くことに生き甲斐を感じることができず、二十代の後半に私の予備校にやってきたのです。

Oさんはすでに勤めていた研究所も「医師になるから」という理由で退職しており、もう後がありませんでした。

後戻りできない女たち

Oさんは、万が一受験に失敗すれば単なる〝無職のお嬢さん〟になってしまうためか、とにかく必死でした。私の授業は「ソクラテス・メソッド」で、授業中、生徒との質疑応答を密にするシステムでしたので、普通の受験生は講義後に質問に来ることはありません。それなのに、Oさんは毎回授業が終わると、苦手分野の数学や生物で自分が学んでいる高度な勉強内容について、必ず個人的に質問をしにくるのでした。

もともと学士でできる人でしたから英語力もあったし、模試ではある程度上位のクラスに付けていました。そのため目指す学校はどうしても一流校に絞られます。しかしそうなると、一次の筆記試験は通過しても二次の面接で受かることが難しくなります。彼女の父親は医者でしたが、コネを利用することを善しとしないために、筆記試験を通過しても二次で落とされることが多かったのです。

なぜ二次で落とされるのかというと、そこには大きな理由が三つありました。

まずは彼女の成績が有無を言わせぬほどのトップクラスではないということです。彼女の成績は上位クラスではあっても、私立医大の本番の試験でラクに五〇番以内に入るレベルではありませんでした。

二つ目の理由は今では考えられませんが、女だから、というものです。

そして三つ目の理由は年齢でした。大学側としてはできれば現役を、よしんば一浪、二浪まで、門戸を広げたとしても、多浪は敬遠されがちでした。特に女性の多浪は「何か問題があるのでは？」と疑われ、入学が許可されにくい現実がありました。「女性は真面目に勉強をするものなのに、なぜ四浪も五浪もしているのか？　何かがおかしい」という当時の風潮なのでしょう。

Oさんの場合は大卒後、働いていましたから正確には多浪ではありませんが、やはり年齢を重ねていることは当時は敬遠されがちだったのです。

泣きながら山手線を二周した夜

ある私立医学部の二次合格発表を見に行き、そこに自分の受験番号が無いことを知ったOさんは、唖然《あぜん》としました。さすがにこの日はまっすぐ帰る気持ちにもなれず、そのまま夜の池袋の街をフラフラ茫然自失《ぼうぜんじしつ》状態で歩いていたそうです。夜の池袋の街ではデート中の着飾った女性や、酔っぱらいがご機嫌で歩いていました。彼女はますます自らを惨《みじ》めだと苦しみ、孤独感でいっぱいになりました。

ふと気が付くと、池袋のホームに佇《たたず》んでいました。彼女は山手線に乗り込むと、溢れる涙を抑えてうつむいているしかありませんでした。他の乗客に泣いていることを悟られないように、寝た振りをしながら泣き続けました。頬を伝う涙が乾くまで山手線を二周もしたと、翌日彼女は私に報告してくれました。

一年間努力をし続けたのに、学習の成果も出ているのに、女性で年齢を重ねているというだけで、なぜこれほどまでに辛く悲しい思いをしなくてはいけないのか。私は「医学部入学システムには問題があるよね」などと慰めの言葉をかけ、そして、「花の命は短くて、苦しきことのみ多かりき」という林芙美子の名句を彼女に贈りました。私の解釈では、花の命とは女性の人生であり、まさに彼女の姿を詠っているように思えたからです。

それにしても、山手線を泣きながら二周もするような辛く悲しい気持ちとは、どのようなものなのでしょうか。私はそのような経験をしたことがありません。いや、普通の人はほとんど経験が無いはずです。私が感傷に浸っている間、しかしOさんは、たとえ恵まれない環境にあろうとも、信じてやり続ければ夢が実現することを証明しようとしていたのです。

山手線で涙に濡れたOさんは、三月に入っても切羽詰まった状況にありました。しかし、その後の巻き返しは凄まじく、最終的には都内のある旧設医科大学に合格しました。しかもその大学を卒業する際には学年でひとケタ以内という優秀な成績の逸材に育っていたのです。

もし、全ての学校で不合格だったら、Oさんは二年目も挑戦し続けたかどうか……。挑戦したとしても、高年齢、女性であること、成績がトップクラスではないという逆境を跳ね返せずに、Oさんは本当の負け組になってしまったかもしれません。

研究所の仕事に満足できず退社したとき、Oさんには父親の病院で事務を手伝うという選択肢や、他の会社に就職するという選択肢もありました。しかし、それらの選択肢を消去して、「自分の道は医師になること！」と決めたOさんは、まさに心の底に忍耐を植え続けた人といえるでしょう。

後戻りできる女たちもいる

予備校に通ってくる学生の中には「ダメだったら後戻りをしてもいいかな」という空気をにじませた女性もいます。

都内の難関私立大学を卒業後、フライトアテンダントをしていたというBさんもその一人です。Bさんは、三十歳前後で、清楚で上品な感じの人でした。彼女は一般入試ではなく、英語と論文の学士入試で勝負するということで勉強も頑張っていました。

そんな彼女ですが、一次の筆記試験は通過するものの、最終面接後の合格には至らず非常に残念な結果が続きました。今にしてみれば「もう結婚しちゃおうかな？　とも思っているんです」と、よく笑いながら冗談を言っていたBさんのあの言葉に、結果が象徴されているようにも思えました。

また、父親が耳鼻科医のCさんも印象に残る一人です。一人娘で大学卒業後、家事手伝いをされていたようですが、二十代半ばで父親の跡を継ぐことを決め、予備校通いを始めました。しかし、そこで後が無いと思って一心不乱に勉強するかというと、そうではありません。Cさんは予備校に通う一方で、スポーツジムにも通っていました。ジムにサービスで置いてある歯ブラシを予備校に持ってきては、昼食後に歯磨きをしています。いつもきれいに着飾っている方で、勉強をするという気概《きがい》が私にはあまり感じられず、ファッション感覚で予備校に通っているかのようでした。

プライベートにあまり触れるべきではないのですが、Cさんについて気になることがもう一点ありました。Cさんは休み時間ともなると、クラスの若い男子生徒から何かとちょっかいを出されるのです。Cさんは女優のように美しい女性で、女性に縁の無い男の子にとっては、心中穏やかではありません。これでは共倒れになると危惧《きぐ》もしました。そのような状況だったこともあり、Cさんはその時点では受験に満足のいく結果を出すことはできませんでした。

「二年目もまた先生の予備校で頑張りたい」という申し出をCさんからもらいましたが、「今までと同じような曖昧《あいまい》な目標設定では責任を持てないし、自分の目的をしっかり設定して気持ちが固まってから再度お電話ください」と、うかない返事をするしかありませんでした。

眉間のしわは真剣な証拠

もともと翻訳の仕事をしていた三十歳の女性も印象に残っています。仮にDさんとしましょう。Dさんの父親は北関東の古い名家のお医者さんでした。七十歳を過ぎた高齢とのことでしたが跡継ぎもなく、Dさんが跡を継ぐことを思い立ったのだそうです。

翻訳業に長く携《たずさ》わってきたDさんは、英語の出来は抜群で、それ以上の勉強の必要は無いほどでした。しかし、それ以外の科目、特に数学と生物は高校以前のレベルです。年齢も高い上にそれまで分野の違う仕事をしていましたから、授業内容が理解できないらしく常に眉《み》間《けん》にしわを寄せて授業に参加していました。当時、塾生らから「とてもわかりやすい授業」と言われていた私の授業であっても、Dさんにはわからない部分が多いようで、必死の形《ぎょう》相《そう》でした。

基礎知識の習得に時間のかかる生徒でしたが、その余裕の無いDさんもわずか一年で医大の受験に成功したのです。しかも特待生候補というおまけ付きでした。眉間にしわを寄せ必死の形相で真剣に講義を聴き、たとえ風邪を引いて熱を出しても絶対に休むことなく予備校に通ってきていたDさん。先に挙げたOさん同様、選択肢をひとつに絞って、後戻りできない状況にいたために、より大きな力が発揮できたのでしょう。

人は目的の持ち方次第で思いもよらぬ力を出すことができるのです。たとえ恵まれない環境に追い込まれても、自分の中に強い覚悟があれば必ず道は開けるのです。

ポイント
本気で取り組めば思いもよらぬ力を発揮できる
①後戻りできない状況に自分を追い込め。そうすれば自ずと道は開ける。
②選択肢をひとつに絞れば、集中して取り組める。

6. 実例⑥ 一年間勉強を休んだら司法試験に合格!?

法律の言葉が頭に入らない!

Tさんは、司法試験に二十四歳で合格しました。最も難しい試験のひとつといわれる司法試験に二十四歳で合格したと聞けば、どれほどの秀才かと皆さんは思われるでしょう。しかし、実際には決してとんとん拍子に合格したわけではなく、合格に至るまでには紆余《うよ》曲折《きょくせつ》があったようです。成功の陰にはそれ相応の苦労があることを、次のケースから検証していきたいと思います。

十九歳から司法試験の勉強を始め、二十四歳で夢を叶えたTさんは、高校までを福岡で過ごし、京都大学を受験。しかし不合格だったため、滑り止めに受けたW大学法学部に入学することにしました。一浪という選択肢もありましたが、一刻も早く司法試験の勉強を始めるのが得策だろうと、W大への進学を決めたそうです。

Tさんが司法試験を目指したきっかけは、性格的に会社員は合わないだろうという思いと、司法試験にパスして検事になった人が親戚にいると、小さい頃から聞かされていたことです。祖父からは「医者になるなら、いくらでも開業資金を出してやる」と言われましたが、人の体を触ったりするのも苦手で、弁護士の方が合っていると感じていました。

ところが、司法試験の勉強を始めた大学一年の夏頃、Tさんは司法試験をあきらめようかと悩み始めます。中学の頃から弁護士になると決めていて、そのために法学部に入ったのに、どういうわけか法律の言葉が頭に入ってこないのです。法律の言葉を読んで覚えようとしても、頭の中に異物が入ってくるような感じでしっくりこない……。いっそのことジャーナリストか商社マンになろうか、とまで思い詰めていました。

しかし、大学二年の夏頃、ある友人と再会したことがTさんを救います。その友人は、高校時代は自分よりも数段成績が悪く、たまたま運良くW大だけに合格したような人物なのですが、驚いたことに彼もまた司法試験を目指しているというではありませんか。おまけに彼は先輩から得た耳学問で、団藤重光《だんどうしげみつ》先生や大塚仁《おおつかひとし》先生の刑法総論をすでにマスターしており、その話がなぜかとても面白かったのです。この時Tさんは、読むのではなく聞いて学ぶのなら自分でもできるかもしれないと確信しました。そして、再チャレンジしようと決意したのです。

実際のところは「自分より成績の悪かった友人が司法試験に合格してしまいそうで、そこに危機感を持った」というのが事実のようですが……。

その後、Tさんはその友人から紹介してもらった優秀な先輩たちからいろいろな知識を「耳学問」で学び始め、徐々に法律の世界に入っていくことに成功しました。さらに馴染《なじ》みやすい基本書を読んで大枠《おおわく》をつかむことで、理解を少しずつ深めていったのです。

大学の講義よりも、仲間との夢の共有がプラスに

現在、W大は司法試験において高い合格率を誇りますが、当時はクラスで「司法試験を一応目指す」と公言していたのは一〇人ほどだったそうです。成績の良いまじめな学生は就職

と二股をかけていて、本当に身を入れて勉強していたのはＴさんを含め数人だったようです。

良い会社に就職しようとすると、大学で良い成績を取らなければなりません。そうすると、いやでも教授に可愛がってもらう必要があり、教授の採る学説を支持しなければなりません。結果的に司法試験の勉強はなおざりになってしまうのです。ところがＴさんの目的はあくまでも司法試験合格です。彼にとっては、教授から何かを教わるのではなく、司法試験の勉強のために集まる学生こそが自分の教師であり、彼らと人生を語り合い、ともに法律を学ぶことが大学に通う意味でした。

今から思うと、まじめに勉強して一流企業に就職した人より、東大を落ちて、Ｗ大の授業はバカバカしいと嘆いている学生の中にこそ、発想や考え方に「なるほど」と思わせてくれる人が多かったそうです。

友人たちとの議論は法律を中心に、社会学や経済学など多岐《たき》に渡りました。若者らしい議論の中に、思考回路をつくるのに役立つ「目からウロコ」の内容もあり、頭の体操にもなりました。そんな学生がたくさん集まるのがＷ大ですから、彼は今では「Ｗ大に進んで本当に良かった」と心底思っているそうです。

隣のおじいさんが読んでもわかる論文が〝合格論文〟

Tさんが所属するW大の法職課程教室には、先輩で特別優秀な人が一人おり、彼はその一年上の先輩からいろいろなことを学びました。

ところが、大学の三年には合格するだろうと言われていたその先輩は、毎年択一式試験は問題なくクリアするものの、どういうわけか論文試験には受からず、結局合格したのは大学卒業の三年後でした。なんとTさんと同じ年の合格になってしまったのです。

長く続いた不合格の理由をTさんは「あまりに早くから、あまりに詳しく勉強しすぎたせいだ」と分析しました。実際、その先輩に合格した理由を尋ねると「法律に関してあまりにもいろいろなことを覚えすぎたので、一年間勉強をしなかった」と答えたそうです。年を越してからしたのは択一の勉強のみで、論文試験には「覚えすぎたことを一度忘れてから答案を書こう」との姿勢で臨んだところ、合格を果たしたのでした。

先輩は勉強を休んでいた一年間、法律のことを全く考えていなかったわけではありません。ただ、今まで以上に知識を増やすのをやめ、細かな知識は忘れ、一番大切な根幹となる「法律概念」だけを考える一年を送ったのです。

他にも「勉強のしすぎ」で失敗をした人をTさんは知っていました。司法試験をあきらめかけていたとき、再びやる気を取り戻させてくれた高校時代の友人がその人です。しかもその友人は司法試験に合格することなく、とうとう弁護士の夢をあきらめたといいます。

高校時代にあまり勉強をしていなかったその友人の場合、司法試験を目指し始めたときに初めて勉強のおもしろさに目覚め、知識を頭に詰め込みすぎてしまったようです。そして、論文試験ではさほど難解な知識は望まれていないにもかかわらず、学者に負けないくらいのものを書こうと意気込み、余計なことまで書きすぎていたのです。

多くの人は高校や大学での勉強法のまま、「覚えること」に偏ってしまいがちですが、しかし、司法試験はそれでは通用しません。詰め込んだ知識の羅列では合格できないのです。

論文試験に与えられる時間はわずか一時間です。そのためには、まず基本論点を押さえ、枠組みを形成することが最も重要になります。ところが知識が豊富にありすぎると、本来書かなければならない大きな骨格を見失い、迷路に入ってしまうのです。これが不合格の理由なのです。

余計な参考書は使わず、基本書を徹底的に理解し、頭の中に論点ごとに大きな設計図を描くこと。そしてこれが大変重要なのですが、わかりやすい文章を書くこと。短期間で合格している人は、実は、隣のおじいさんやおばあさんが読んでもわかるような論文を書いているということを忘れてはなりません。

合格後の楽しい人生をイメージしよう

Tさんが司法試験に合格したとき、多くの友人や先輩から「まさか、お前が受かるとは思っていなかった」と言われたそうです。〝苦労が顔に出ないこと〟がその理由のようですが、当然、彼にも紆余曲折はいくつもありました。そして、壁に突き当たるたびにこの勉強方法でいいのかと自問自答を繰り返したそうです。

これは精神的に大変追い詰められた状態で、本人も苦しいのですが、Tさんの場合、気分転換よりも「自分は絶対弁護士になるんだ」という信念と、「受かった後の楽しい人生」のイメージで乗り越えていったそうです。実際、どう考えても司法試験に受かっていない自分を想像することはできなかった、と言います。

また世間が思っているほど司法試験の受験生の生活は悲惨ではなく、心の中に強い意志があれば将来への夢が膨らみ、受験生活は思いのほか楽しく送れると言います。

彼の場合は、二十四歳で絶対合格すると決めていたので、合格のための合理的勉強法を常に考え続けていました。そして、そのためには「司法試験のルールを理解して戦略を立てる必要がある」ことに気づいたのです。

択一式試験は「項目別集中学習法」が最適

Tさんが最初に掲げた目標は、〝四年生で絶対に択一試験に合格する〟ことでした。親に「息子が司法試験に合格するかもしれない」と期待を持たせなければ、大学卒業後の仕送りが止まってしまう、という計算がそこにはありました。それをクリアーするため、司法試験の勉強を再開した大学二年の後半から択一式問題集を始めました。

このとき、彼が行ったのが、本番よりもずっと難しい問題を収めた予想問題集に集中的に取り組むことでした。難しいといわれる問題集で鍛錬しておけば、本番のときに気が楽になると考えたからです。

実際、初めのうちは三～四割程度しか解答できませんでしたが、それでも繰り返し肢を覚えることで、五～六割正解できるようになり、基本書を読んでも内容が簡単に理解できるようになったのです。実際、本番直前に過去問を試してみると問題がとても易しく感じられ、それが大きな自信につながりました。

さらに、項目別に分かれた問題集で対策をしっかり行い、自分はどこが得意でどこが不得意かを認識した上で、不得意なところを完全にマスターするまで繰り返すという作業も怠《おこた》りませんでした。たとえば○が多く続くような簡単な分野は勉強時間を減らし、×が目立つ難解な分野は何度も繰り返す。こうして自分の穴を確実に埋めていったのです。しかし、たとえ○が続く項目でも、出題頻度《ひんど》の高い分野は絶対にやっておかなければなりません。Tさんは頭が疲れてくる夕方などに、内容を忘れない程度に軽く流していたそうです。

論文試験は「散歩式学習法」でクリア

Tさんは、毎日のようにW大の構内やその周辺を散歩しながら、論文で書くべき論点を分析していました。朝、教室で基本書を読み、疲れたら散歩に出て頭の中で論文の組み立てを行うわけです。そして、必要な概念や論証がスッと出てこなければ教室へ急いで戻り、基本書を調べ直すという作業を繰り返します。ときには基本書の目次の中に、記憶がごっそり抜け落ちている部分があることに気づくこともありました。

こうした目次レベルの大きな論点を外すことが、論文試験での失敗につながると考え、彼はサブノートをあえて作らず、基本書の余白部分に全て書き込んだ上で重要点にだけ印を付け、それを繰り返し繰り返し読むという作業に徹したのです。

頭が本当に働くのは一日わずか二時間しかない

司法試験を分析することで、自分に合った勉強法を考え出したＴさんですが、実際の勉強時間は一日六〜七時間程度だったそうです。しかも、人間の頭が本当に有効に働いている時間は午前中の二時間程度しかないことに気づいてからは、この貴重な二時間を最もエネルギーが必要な不得意分野の克服に充《あ》てたと言います。こうすることで、苦手な分野でも比較的スムーズに勉強を進めることが可能となるのです。

そして、残りの二時間でそこそこ大切なところを、さらに残りの時間で軽く流してでも対応できそうな問題に取り組みました。問題の質によって勉強時間を三等分すれば、より勉強の効率が上がるというわけです。

司法試験の勉強を始めてすぐの頃は、朝十時には大学に行き、とりあえず基本書を読みました。初めは内容もよくわからないので、民法などは択一問題集にあたり、肢を何度も何度も繰り返し、頭にたたき込んでいったそうです。そして、卒業後は本を読んで勉強するというよりも、考えることに重きを置いていたので、はたから見れば勉強しているようには見えなかったかもしれません。

泣きながら扉をひっかいた受験生

Tさんには驚くべき失敗談がありました。あろうことか論文試験の朝に寝過ごしてしまったのです。彼はタクシーに乗り、試験会場の前の坂を心臓がはりさけるぐらいに走ってなんとか試験を受けることができました。会場の教室に飛び込んだ直後に、けたたましくベルが鳴ったそうです。同じ教室に、本当に遅刻して試験を受けられなかった受験生がおりました。試験開始時刻に間に合わなければ教室に入れず、受験資格はなくなってしまうため、その受験生は一年を棒に振ることになります。

廊下に閉め出されたままのその受験生は「入れてください」と、泣きながら何度も叫び、ねずみがかじるような音をたてながら教室の扉をひっかき続けていたそうです。

このとき、Tさんは司法試験の厳しさと、人生をかけて必死に頑張っている受験生の執念を痛烈に感じました。〝ひとつ間違えば自分もあの受験生のように、泣きながら、カリカリ教室の扉をひっかく身になっていたかもしれない〟。Tさんは、自己管理をしっかりやらなければ人生を過《あやま》ることになる、と、そのとき心底思ったそうです。

ポイント

難関試験の勉強には戦略が必要

①知識の詰め込みは逆効果。基本書の徹底理解から、大きな「法的思考力」を形成せよ。

②試験問題をよく分析し、効率的勉強法をマスターする。

7. 実例⑦　身近な成功例をポジティブに捉え、法科大学院に合格

兄の背中を見て育つ

前項では司法試験合格者のケースを紹介しましたので、それに関連して、本項では法科大学院（いわゆるロースクール）に合格した学生を取り上げてみようと思います。

その前に、司法試験のしくみについて若干の補足をしておきましょう。法務省の司法試験制度改革により、二〇〇四年より法科大学院が開設され、そこを卒業した者のみが受験でき

る新司法試験が二〇〇六年からスタートしました。前項のTさんが合格したのは、この新制度が始まる以前の旧司法試験で、いくつかの条件を満たせば誰でも受験することが可能だったのです。

法科大学院は非常に狭き門で、まずそこに入学するために難しい試験をパスしなければなりません。ここに紹介する学生は司法試験予備校に通いながら猛勉強を重ね、見事その難関を突破しました。彼の合格体験記から見えてくるものはなんでしょうか。

U君は千葉の県立高校から都内の私立大学法学部へ進学し、一浪の末、東北地方の国立法科大学院に合格した学生です。

U君には四つ年上の兄がおり、U君が高校生の頃に難関私立大学の政治経済学部に入学しました。U君は兄から学生生活の楽しい話を聞いているうちに、自分も同じ大学に進みたいと思うようになったと言います。父ではなく、兄の背中を見て育ったようで、兄の大きな影響力と仲の良さが窺《うかが》えます。

U君の家庭は家族仲も概《おおむ》ね良好でした。ただ、兄が中学に上がった頃、勉強面で両親が「理系の科目は差がつくから、時間をかけて取り組んだほうがいい」とか「受験で成果を出すには勉強の習慣を身に付けないとダメだ」など、考えを押し付けたために、兄の成績が急降下し、少しギクシャクした時期があったと言います。その後、両親は子供の勉強については放任するのがいいだろうとの結論に至り、自発的学習から兄の成績も持ち直していきました。そのような経緯もあり、両親はU君には初めから不干渉でした。そのためU君はプレッシャーを感じることも無く自由に勉強をしていたようです。

失敗した悔しさを忘れずに

U君は、中学時代は週に一度塾に通っていましたが、基本的に勉強に熱心なタイプではなく、適度に力を抜きつつこなしていたそうです。

彼が勉強する楽しさに初めて気づいたのは、高校に入学し大学受験予備校に通いだしてからでした。そこの予備校の先生の授業が格別におもしろく、雑談をしているうちに知識が蓄積できたり、問題の理解が深まっていく感覚があり、勉強が苦痛でなくなったと言います。「それはいい出会いだったね」と私が感心すると、「あまり努力するタイプではないので、もちろん、すぐには成績につながりませんでしたが……」と恥ずかしそうに言いました。生来ののんびりした性格で、キリキリと勉強に打ち込むタイプではなかったのでしょう。いつぐらいから成績が上昇しだしたかを尋ねると、高校三年の模試の終了時ぐらいからだと言います。予想以上に模試の結果が悪く、その悔しさをバネに勉強したら最後に伸びてきたそうです。彼は法科大学院の受験で一年浪人していますが、そこでも勉強の原動力は「悔しさ」だったと言います。

悔しさをバネにこれまで、合格を勝ち取ってきたU君ですが、大学受験時の浪人生活は暗く辛いものだったかというと、そうではありません。地方から集まってくる人の多い予備校の寮生活は思いのほか楽しく、寮を抜け出しては朝まで飲んだり、カラオケをしたり、人生初の東京生活を謳歌《おうか》していた、と楽しそうに語ってくれました。そこで道を踏み外す可能性も無きにしも非《あら》ずでしたが、その頃には兄が司法試験にパスして順調に人生を歩んでいました。その後ろ姿を目の当たりにしていたため、「自分も兄のように絶対に受かる」というポジティブなイメージを持ち、息抜きレベルを越えるようなハメの外し方はしませんでした。

自分に負荷をかける自己流学習法

中学、高校、予備校という場所で、自分なりの楽しさと学習感覚をつかんでいったのがU君の強みであるように私は感じます。U君が実際にやっていた勉強法に、自分にわざと負荷をかけ、決して必要ともいえない項目の膨大な暗記を義務づけたり、参考書を開く前に難問を自力で解いてみたりする、という方法があったそうです。自分でルールを決めてやり遂げる楽しさ、試行錯誤のプロセスでたどり着いた成果に感動する心が、知らず知らずのうちに育《はぐく》まれていた彼らしい勉強法です。

こうした勉強法は誰にでも勧められるものではありませんが、受験で合格するための方法がひとつではないことの良い例であり、自分の性格に合った方法を選ぶ参考になるのではないでしょうか。

ポイント

失敗は成功のもと

①身近にいる成功者を〝範〟とし、模倣《もほう》する。

②失敗を放置するな。そこから何を学ぶかでその後の運命が変わる。

8.「できる子」の親は教えないで伸ばす

勉強は特殊技能のひとつに過ぎない

この章でご紹介した七人の「できる子」の実例をお読みいただくと、いい意味で親の影響から解放されていることに気づかれると思います。

これは、偶然でしょうか。親に勉強を強制されてできるようになった子は、ただの一人もいないのです。実はこの結果が全てを物語っていると思います。つまり、「できる子」の親は、教えないで伸ばす傾向にあるのです。

一方、子供に勉強を強《し》いる親は、勉強さえできれば社会で生きていける、という固定観念に縛られています。そうした考えを持つ親は、多くの場合、さらに二つのグループに分かれます。ひとつは、親自身が学生時代から出来が良く、その結果得られた現在の状況に満足し、子供にも同じ道を歩んでほしいと願っているグループです。他方、親自身が勉強が不出来で、現状を後悔している、前者とは逆のグループが存在します。

しかし、果たして勉強さえできれば社会で力を発揮できるのでしょうか。一流と言われる大学を出て、一流と言われる企業に勤めても、人間関係がもとで退職に至るケースは、決して珍しいことではありません。また、理想を追求するあまり、苦労して入社したはずの会社をわずか数年でやめ、その後の人生を非正規雇用で送る若者のケースも多く報告されています。

こういう状況を目の前にし、それでも親は、「勉強さえできれば生きていける」と胸を張って言えるのでしょうか。

現実の世の中を見渡せば、スポーツの能力に優れ、それが生活の糧《かて》となったり、手先が器用なことからその技術で食べていく人もいます。その種の能力は稀少ですから、社会からも認められ、収入の面も保障されるのです。

勉強も、スポーツや手先の器用さと同様、特殊技能のひとつと心得て、子供が勉強の分野に適性があればそれを応援し、別の分野で能力を発揮していればそこを伸ばしていく。そのような見究《みきわ》めと使い分けが親には求められているのです。

伸びない時期は放置し、伸びる時期に効率的に伸ばせ

心理学の知見によれば、人間の認知能力には、対応の能力、分類の能力、序列の能力、保存の概念を理解する能力など、さまざまな能力がありますが、これらは成長に伴い自然と身に付いてくるものです。早い遅いの個人差はありますが、歯の生え替わる時期が子供によってまちまちであるのと同じことで、全く心配はいりません。

スイスの心理学者ジャン・ピアジェが行った、保存の概念を理解する能力を調べるこんな実験があります。同じ形、同じ大きさのビーカーに同じ数のビーズを入れます。子供に両方の数が同じであることを確認させ、次に、二つのうち片方のビーズを、試験管のような細長い容器に移します。その後に、四～七歳の子供に「ビーカーと細長い容器では、どちらのほうがビーズが多い？」と質問します。すると「細長い容器のほうが、高い地点までビーズが埋まっているため、こっちのほうがビーズが多い」と答えます。ところが、これと同じ質問を七～十一歳の子供にすると、「最初に同じ数だけ入れたのだからどちらの数も同じはず」と答えるようになるのです。

その理由は、十一歳ないし十二歳頃になると、具体的な知覚に捕らわれない、抽象化、形

式化された概念でものを考えられるようになるからです。

このように、子供の能力の発達には段階があり、個人差があります。我が子がまだその段階に達していないのに、訓練により問題を解けるよう強制的に働きかけても、それにより普遍的な能力が身に付くわけではありません。

できる子の親は我慢強く、子供の自然の成長を待つことができます。そして子供が伸びる時期にさしかかると、そのタイミングを捉え、必要な本なり問題なりを集中的に与えていきます。その時期であれば吸収も良く、子供の能力は効率的、飛躍的に伸びていくからです。

「本気で一喝」と「褒めて育てる」の二刀流

子供は親が思っている以上に、親のことをよく観察しています。小学校低学年のある男の子が、母親の小言についてこんなことを言っていました。

「『ちゃんとやらなきゃダメでしょ！』とか『ほんとうにダメなんだから！』とか、お母さんは毎日のように小言ばっかり言っている。僕はお母さんの小言が始まると、何か他のことを考え、できるだけ聞かないようにしている。だってどうせ本気で言っていないから、聞く意味なんて無い」。

この子供は母親の小言が真剣な気持ちからではなく、一種のストレスのはけ口であることを見事に見抜いています。そして毎日小言を言っている母親には、真剣になる瞬間さえ無いことも薄々と感じ取っているのです。

子供に心から伝えたいのであれば、小言はもうやめにして、本気で気持ちを伝えなければいけません。「うちの子は父親の言うことはよく聞く」と母親の皆さんがおっしゃるのは、父親に一喝された経験から来るものでしょう。普段は子供のことに細かい口出しをしない父親が、短い言葉で子供を本気で叱責《しっせき》したとき、その言葉はストンと子供の心に落ちるのです。「あなたのことを本当に思って言っているんだよ」という父親の思いが、子供の心にストレートに響くのです。

小言とは対照的に、子供を褒めすぎる親も最近は増えてきました。子供が「あまりうまく書けなかったな」と内心思っている作文を読んで「上手に書けたわね」と褒め、平均点スレスレの答案用紙を見て「よく頑張ったわね」と褒めます。「子供は叱っても萎縮《いしゅく》するだけ、褒めて自信を付けさせると伸びる」という情報をどこかでインプットしたのだと思いますが、正しく理解されていないようです。

子供が内心「失敗した」と思っているような作文を読んで、もし親が褒めたとしても、それは逆効果です。先に触れた「小言」の話と同様に、子供は、実は親をよく観察していま す。親が子供をあえて褒めても、「どうせ本気じゃないんだろう」とそのあざとさを見抜いています。親は子供を騙《だま》しているようで、実は騙されているのです。

うまくできなかったものは、嘘をついてまで褒める必要はありません。自信が付くのは、子供自身が「うまくできた」と思えたときです。親は子供の気持ちを察して、それを追認する形で褒めるのです。単純に、「褒めると自信が付く」という解釈は誤りです。褒めすぎは逆に親子の信頼関係を傷つけかねません。

子供は叱って育てるか、褒めて育てるか、という二者択一ではなく、叱るときは本気で向き合う。子供が何か達成できた、と感じている瞬間を見究め、一緒に喜び、評価する。できる子の親は子供の心に常に寄り添いながら、自然に、この二者を併用しているのです。

親の粘り強い姿勢が子供を育てる

「うちの子は漢字の書き取りが苦手です。どうしたらいいでしょう？」、「鉄棒で逆上がりができず、悩んでいます。何かうまい方法はありませんか？」。

幼児教育に長く携わってきた麹町《こうじまち》慶進会の塾長・島村美輝《しまむらみき》氏のもとには、親御さんからこんな相談がよく持ち込まれるといいます。島村氏によると、「弱点を克服するのに特別な手法やコツといった難しいものは必要無く、ただただ毎日、シャワーを浴びるがごとく繰り返し行い、徐々に頭や体を慣れさせる」のが一番だそうです。

このような話があります。山で遊び育った子供の中で最も山遊びが下手な子供が、都会に行って都会の子供と山遊びに似た行為をしたところ、都会の子供は山から来た子供に何ひとつかなわなかったという話です。

ここからわかる真理は、苦手なことも日々取り組んでいれば普通にできるようになるということです。そして、たとえある集団内では下位にいても、所属する集団が変われば別の評価がなされることもあるのです。

できる子の親は、積極的に手助けするというわけではなく、子供の苦手な漢字の書き取りや鉄棒の練習に、根気良く付き合います。早くできるようになるコツや攻略法を追い求めず、手間暇をかけてでも子供に弱点を克服させ、自信を付けさせていきます。そういう粘り強い姿勢を持っています。

習い事や趣味はひとつのことを継続させる

ピアノに水泳、バレエに英会話と、「子供にいろいろな能力を付けさせてあげたいから」と、実に多くの習い事をやらせている親がよく見受けられます。これについて前出の島村氏は、「それでは、どれも中途半端に終わってしまう。能力を引き出すのであれば、習い事や趣味はひとつに絞り、長く継続させることが望ましい」と言います。

数年前の塾生の母親で、劇団四季のミュージカルが大好きな人がいたそうです。月二回、子供を連れてミュージカルを観に行くことが、その母親の楽しみでした。子供をミュージカルに連れていくのは、情操教育というよりは、自分の留守に子供を見てくれる人がおらず、必要に迫られての行動でした。

母親に連れ添って月二回という高頻度でミュージカルを見ていた子供は、五歳でライオンキングのお面を作り、塾の友達を率いてみんなで劇をするようになりました。その友達の保護者たちの中には、我が子が冴えない動物として脇役をやらされていることが面白くなく、不満を漏らす人もいたそうです。

周囲への配慮からか、その子の母親も「受験と関係の薄い劇遊びなので、やめさせたほうがよろしいでしょうか？」と悩みを塾に相談してきました。しかし、島村氏は「これがあの子の魅力であり、武器ですよ」と続けさせたそうです。

この子供の例からもわかるように、ひとつの物事に継続して取り組むと、その分野に突出した才能を発揮するようになりますし、何よりもその子の自信につながります。そして将来は、その分野のオーソリティになることも夢ではありません。

この子供は、志望していた難関私立小学校に見事合格しました。将来の夢は「劇団四季のディレクター」だそうです。

第2章

できなくなるには理由がある

1. 実例① 難関国立中に入ったものの成績が急降下

小学二年で自発的に進学塾へ

私がこの原稿を書いているのは、一月も半ばを過ぎようという頃。ふと点《つ》けたテレビの夜のニュースで、首都圏の私立中学の入学試験の様子が報じられていました。会場へと続く受験生と保護者の絶え間ない列、教え子に熱いエールを送り、握手する塾の関係者。百年に一度といわれる不況にもかかわらず、受験者数は過去最高の見込みと、そのニュースのアナウンサーは興奮気味に様子を伝えていました。

このニュースを見て、私は知り合いの娘さんのことを思い出していました。仮にY子さんとしましょう。

Y子さんは地元の公立小学校に入学すると、両親が共働きのため、放課後は学童保育に通いました。自治体によってもいろいろなのでしょうが、そこの学童保育は十八時で閉まってしまいます。両親が仕事を終えて迎えに駆けつけるには、あまりに早い時間です。

「毎晩、一人で家で留守番させるのは心配だし、そうかといって毎日仕事を早めに切り上げるのも無理がある……」。困った両親はＹ子さんに相談しました。すると意欲的な言葉が返ってきたのです。「学童保育の後、自分で行くから塾に行かせてほしい」。

学校の近くには中学受験で有名な大手進学塾があり、Ｙ子さんに言わせると「同じ学校の上級生がたくさん通っていて、みんななんだか楽しそう」と、以前からうらやましかったのだそうです。

Ｙ子さんはまだ小学二年生。中学受験をさせるかどうか、そのときは両親は何も考えていませんでしたが、「本人が行きたいというのだから」と、習い事に通わせるような気持ちで進学塾に申し込みの手続きを取りました。

難関中学二校に合格！

塾に通い始めたＹ子さんは、「ゲーム感覚で楽しい！」と塾が大好きになりました。授業で徐々に難しい問題に挑戦することが、ゲームのステージを一歩一歩クリアしていくことのように感じられたようです。

両親はＹ子さんが家で塾の宿題をやっている姿をほとんど見たことがありませんでした

が、塾の定期テストは常にトップクラスの成績でした。テスト結果によって行われるクラスの組み替えでも、上位クラスをずっとキープしていました。

五年生のときに一度、ひとつ下のクラスに落ち、そのとき初めて下にもクラスが存在することを知ったといいます。そのときは今まで一緒に勉強をしていた仲間と離れ離れになったことが悲しくて、復活に向け必死に勉強をしました。Y子さんにとって塾は学校以上に居心地の良い、親友との交流の場であったのでしょう。次のテストでは難無く上位クラスに返り咲きました。

当初、中学受験を全く意識しないで塾に通わせていた両親も、Y子さんがあまりに成績が良いので、自然と難関中学の受験を考えるようになっていました。特にお母さんのY子さんにかける期待は日増しに膨らみ、いつしか「将来は東大法学部に進み、弁護士に」と思うようになりました。Y子さんは小さい頃から口が達者だったので、弁護士が向いていると考えたのだそうです。

夜になると、お母さんは、寝ているY子さんの耳元で、「東大、東大、弁護士、弁護士」とささやきました。睡眠学習さながら毎晩聞かせていれば、本人のさらなる潜在能力を呼び起こすことができると本気で考えていたというから驚きです。私はその話をお母さんから聞き、一喝しました。そんなことをしたら娘さんをつぶしてしまう、と。

やがてY子さんは六年生となり、志望校を決めることになりました。文化祭や学校説明会をお母さんと一緒に回り志望校に選んだのは、都内でも難関と言われる私立女子中と国立中の二校です。塾の先生からは「私立女子中も国立中も、難しいかもしれない」と言われ、気楽な気持ちで臨んだのが良かったのか、ふたを開けてみればその二校を含め受験した学校全て合格。最終的には〝共学で、敷地が広く、雰囲気が気に入った〟という本人の意向で、国立中に入学を決めました。ただ塾の先生からは「東大を目指せるのにもったいない」と、最後まで反対されたそうです。

大好きな塾を継続できず成績急降下

中学に通うようになると、Y子さんの生活は一変しました。

それまで通っていた塾には中学生のコースが無く、必然的に〝卒塾〟になりました。一緒に勉強していた塾の仲間はそれぞれ別の塾に通い始めました。ただ、Y子さんは「あの塾が好きだったから、他の塾には行きたくない」と頑《かたくな》に拒否しました。ぽっかりと空いた放課後の時間を、「勉強より面白い」とマンガやゲームに熱中して過ごすようになっていました。

ほどなく成績は急降下。学校からは「宿題をきちんと提出するように」と再三注意をされますが、国立中は、学業不振者をそれ以上にはフォローしてくれません。「このままでは高校進学が危ういのではないか」。両親は危機感を感じ始めました。

この国立中には上に附属高校がありますが、進学できるのは毎年、約七割です。残りの生徒は進学を許されず、外部の高校を受験し、出ていくことになります。

両親はY子さんに「このままいくとどれほど厳しい現実が待ち受けているか」を懇々《こんこん》と諭《さと》しましたが、Y子さんは全く聞く耳を持ちません。「大学は理系に進みたいから、高校に行ったら塾に通う」と、ギリギリでも高校に上がる自信があるようです。

「中学はエネルギーを抜くところ。勝負は大学受験。高校へはビリでもいいから上がればいい。それ以上の結果を追い求めるのはエネルギーの無駄」。Y子さんは頭のいい人です。そう言いきるY子さんの言葉から私は、Y子さんが合理的に計算してエネルギーを配分しているように感じました。

中学受験加熱のニュースに触れ、難関校を楽々と合格したY子さんを思い出し、何が彼女を変えてしまったのか、考えてみました。私なりの解釈によれば、「塾が好き」と言っていたY子さんのその言葉に、本当の気持ちが隠されているような気がします。淋しがりやのY

子さんにとって、放課後から両親が帰宅するまでの長い時間を過ごせる塾は、家庭に変わる憩いの場であったに違いありません。そこで出会った仲間や先生と気が合ったことも、Ｙ子さんにとっては幸運でした。実は、塾で勉強ができたのは、与えられた問題をゲームのようにただクリアしていただけで、どうやら普遍的な学習の習慣や姿勢が身に付いていたわけではなかったのです。

Ｙ子さんは今、中学三年生。来年附属の高校に進学できるのか、できないのか、学校の判断がまさに下されようとしています。彼女は、来年の今頃、笑っているのか、それとも別の高校で頑張っているのでしょうか。

ポイント

受動的勉強には限界がある

①塾で与えられた問題をこなすだけでは、普遍的な学習の習慣は身に付かない。

②うわべだけの習慣は、塾をやめると一気に消滅する。

2. 実例② 子供を放任してきた親が受験期に突如参戦

妻には任せられない父親たち

はしがきでも触れましたように、私は以前、医学部受験予備校を主宰していたことがあります。医学部を目指すお子さんの場合、父親が医者であることがほとんどです。そして意外に思われるかもしれませんが、予備校に最初に子供を伴って現れるのは母親ではなく実は父親の場合が多いのです。

希望の私立医学部や医科大学の不合格が決定した二月や三月頃、あるいは現役生なら高校二年生の冬頃に、医者である父親が「いい加減に勉強をやらせなくては！」とやる気満々でやってきます。

過去には中学二年生から私のもとにやってきた子供が一人だけおり、その子は母親が連れてきたことを覚えています。結局、私が六年間面倒を見て難関私立医大に合格。今ではもう医者になっています。

母親ではなく父親が子供を連れてきた場合、父親の多くが抱いているのが「妻には任せられない」という感覚です。子供の受験は一生を左右する大イベントなのに、妻に全てを任せていたのではうまくいかないと思い込んでいるようです。特に母親が医者でない場合にこの傾向が強く、根底には「実際に医療現場で困難な仕事をこなしている自分が参加しなければ、子供を合格させることはできない」との考えがあるのではないでしょうか。

ところがこうした父親が、実際にどれだけ子供のことをわかっているかというと、残念ながら何もわかっていないのが実情です。

医者という仕事は大変な激務です。必死に勉強して医学部や医大に合格し、やっとの思いで医師免許を取得しても、医者として一人前になるためには何年もの間自己を犠牲にして働き続けねばなりません。携帯電話が鳴れば夜中でも病院に駆けつけ、ろくに睡眠も取れないのです。

私の家の近所にある民間の総合病院の五十代の医者が、雇用契約期間が切れ、次の勤め先を探していたときのことです。医者向けの就職情報誌に年収一四〇〇万、一五〇〇万という求人広告があったので、私が「これ、いいじゃないですか」とお勧めしたところ、「とんでもない！　地方のそんなところに行ったら、自分の生活なんか全くなくなってしまう。三〇

○○万、四〇〇〇万なら考えてもいいけれど……」と驚くべきことを言うのです。こんな破格の年収でも行きたくないほどの医者の仕事というのは、そんなに大変なのかと、そのとき改めて認識しました。

つまり、何年もそのような大変な仕事をこなしながら生活してきた人が、結婚して子供ができたからといって、子供と関わる時間を持つことは実は不可能に近いのです。

たとえば三十歳くらいで結婚したとしても、開業できるのは早くて四十歳頃です。結婚してすぐに子供が生まれたら、開業したときに子供は十歳前後になっているのが一般的でしょう。ところがいざ開業してみると、父親はずっと働きづくめです。しかも、今度は母親までもが病院の事務や経理に追われてしまい、子供の成長にとって最も重要な十〜十八歳くらいまでの間、子供は放ったらかしの状態が続く可能性があるのです。そう、悪い意味での自然な「放任」です。

深夜にカルビで殴り合い

私の知っている中で最悪の「放任」が、民間病院の外科医だった父親のケースです。彼は民間病院をやめ開業の道を選びましたが、一流病院に勤務していた人の個人医院となると、患者さんがドッと押し寄せてきます。しかし、どれほど多くの患者さんが来ようと、開業すると設備やら人件費やらで相当の経費がかかるため、時には休日返上で必死に働かなくてはいけません。こうなると帰宅は決まって深夜になってしまいます。妻の顔を見て「息子はどう?」という程度のことくらいしか訊けなくなり、いつの間にか子供のことなど何もわからなくなってしまうのです。

そして、これが父親が陥ってしまう誤りの始まりなのです。子供がまだ幼いうちに信頼関係を培《つちか》っていないと、後で修復は非常に難しくなります。大学受験のときに突然、「私が率先して面倒を見る!」と息巻いてみたところで、もはや手遅れなのです。

この家庭の場合、父親は紳士的で真面目そうな人でしたが、息子のM君はちょっと茶髪で第一印象としてはいかにも荒れた感じがしました。目も若干穏やかではありませんでした。予備校をはじめ教育の仕事に長い間携わっていると、子供の目を見ればその子の置かれている境遇が大体わかります。そういう子供はもし医者になれたとしても、あまりうまくいかない場合が多いのです。

とにかくM君も父親に言われ、とりあえず一生懸命に勉強をやり始めたのですが、ある日、ぷりぷり怒ったような感じで教室に現れました。授業中も反応が鈍く、勉強に全く集中できていません。そこで「どうしたの?」と訊いたら、「親と喧嘩《けんか》した」と言うのです。彼の話によると、夜中の十二時頃にお腹が減ったのでコンビニで買ってきたカルビを焼いて食べていたそうです。すると、そこへ帰宅した父親が「何やってんだ、お前」と言うのです。「腹が減ったからカルビを焼いて食ってる」と答えたところ、その言葉に父親が激怒したのです。「バカ! お前、そんなもの食ってる暇があったら勉強しろ!」と叫んで、彼につかみかかってきたと言うのです。

夜中にカルビを焼いて食べるというのは、普通の感覚からすると一風変わっていますが、お腹が減ったのだから、まあ仕方ありません。少なくとも殴るほどではないでしょう。どうやらM君の場合は、彼自身が太り気味で、父親は「お前は大メシ喰らいだから勉強ができない」と心の中で思っていたようです。そういう気持ちからものを言ってしまったものですから、子供だって反発するのは当然です。

彼のことは一年間教えましたが、結局、その年は医学部には合格しませんでした。その後、他の大手予備校に通っているとの噂を耳にしましたが、最終的に彼が医者になれたかどうかは定かではありません。

父親が医者の場合、初めは熱意を持ってわが子に医学部受験をさせようと思います。ところが考え方が合理的なのか、「こいつはダメだ」と思うと、スパッと切り捨ててしまうケースが多いように思います。一時《いっとき》は息子にガミガミ勉強しろと言っていても、どこまでも医学部にこだわり続けるような親は滅多にいないのです。「子供には子供の人生がある」と不思議に割り切ってしまう親が意外と多いのです。

医師家庭に多い〝教育みなし子〟

もうひとつ、大きな医療法人のオーナーの息子、B君のケースを紹介しましょう。

B君は二年間合格できなかった、いわゆる多浪生でした。父親から言われるがままに予備校に通うものの、勉強のやる気はあまりありませんでした。このため、父親と始終喧嘩になっていました。

ある日茶の間で、父親が「お前、ちゃんと勉強しているのか」と訊いたところ、彼はテレビ画面に目を向けたままはっきり答えようとしませんでした。その態度に怒った父親はテーブルをひっくり返そうとしたそうです。すると、B君は父親の意表を突いて、ボクサーのファイティングポーズを取ったというのです。これで父親の怒りは大爆発！　その後は子供をしたたかに殴り、挙句の果てに階段から突き落としたというではありませんか。実際にはそんな大怪我《けが》でもなかったので、この話はかなり大げさだったのかもしれませんが……。

Ｂ君は最終的には医療系の他の学部へ進学しました。父親がどんなに偉いお医者さんでも、児童期に子供を放任しておいて、大学受験が近づいた途端に介入してきたのではうまくいくはずはありません。お金はいくらでも出してやるからお前は勉強に集中しろ、と、自分の方針を押し付けてみたところでなんの効力もないのです。

少し前に歯科医師の家庭で兄が妹を殺害した事件がありましたが、エスカレートしてしまうと実際にあのような事件は起こり得るのです。家庭の中で子供が孤立し、四面楚歌《しめんそか》になると、追い詰められて、過激な行動に出ることはあり得るのです。

以前に麻生首相が「医者に常識的な人はいない」と発言したためにバッシングを受けたことがありましたが、私はあの発言を全面否定はいたしません。これまで何百人もの医者とその子供たちにお会いしてきた経験上、何代も医者をやっているような特権階級の家庭に変わった人が多いというのも、少なからず事実なのです。

「心に開かれた窓を持っている」人に、憧れる

長い時間、予備校で子供たちと関わっていると、どういうわけか子供たちは私になついて

きます。「先生のことは信頼できる」「大人になったとき、先生のようになっていたい」などと、嬉しいことをよく言われました。彼らが憧《あこが》れるのは、学力や知性もさることながら、心に開かれた窓をいくつも持っている人なのです。勉強ができるだけの人間など、誰も認めないということを彼らは充分わかっているのです。

子供は大人を正しく評価しています。ですから、私たち大人は襟《えり》を正さなければなりません。

私は自らの経験から、自分の子供には進路について多くを語りません。今はまだ小学校五年生と三年生ですが、自分が好きにすればいいと思っています。自分が好きな仕事について、それで食べていければ立派なものです。

ただ、ひとつだけ言っているのは、「社会から必要とされる人になりなさい」ということの一言です。そのせいか子供たちは「私はどういう仕事に向いているんだろう」と今のうちから自分で考えています。小学生から子供の進路を決めさせるなと言う人もいますが、子供のうちから自分の将来象としっかり向き合うことは、とても大切だと私は思っています。それは、自分で考えてやらせないと、子供は自分の人生に無責任になってしまうからです。

ポイント

児童期における親の放任は修復が難しい

①大学受験時に、いきなり関わりを持とうとしても、後の祭り。

②親の常識を子供に押し付けない。

3. 実例③　ＡＭ六時開始の早朝補講に脱落していった者

半分が不合格？　このままでは危ない！

受験予備校には同じような目的を持った子供たちが入学してきますが、その学力やモチベーション、個々の性格は実にさまざまです。人として「みんな違ってみんないい」のは当然のこととしても、志望校合格を目標とする以上、絶対合格するんだという強い意志と一定レベルの点数をとれる学力を付けなければ、予備校に通う意味はありません。子供たちもそれを頭ではよくわかっているのです。ただそのレベルに達するには継続した努力が必要で、その努力の仕方、方向性を定め、合格へ導くのが予備校の役割なのです。

私が主宰していた医学部受験予備校では、毎年一〇人から一五人の少人数制のクラスを編成し、指導をしていました。講師として教鞭《きようべん》をふるっていた十七年間で、何度か「これはまずい」というレベルの学力の子供たちを多く受け持った年があります。子どもの当たり、はずれでいえば、いわゆるはずれ年です。

夏期の模試が終わった頃、一五人中、約半数が不合格になるのではという危機感に襲われました。私は頭を抱えました。夏の模擬試験の時点ですから、試験まであと半年です。私は何か手段を講じなければなりませんでした。このまま普通に指導していては七〜八人は必ず落ちる、と私の経験則が警告していました。

テストに強い「頭脳」を築く

秋にさしかかろうとする頃、私は準備していた計画をみんなに伝えました。「来週より、毎朝六時から早朝補講をします」。私の言葉に、一五人の子どもたちはどよめきました。「毎日？　その後も夜まで授業があるのに……」「無理だ」そんな呟《つぶや》きが聞こえてきます。「無理？　このままではきみたちが合格するほうが無理だよ。今、きみたちが言った無理なことって、いつもより二、三時間早起きすること？　体力が続かないってこと？　それは億劫《おっくう》なだけであって、無理ではないよね」。このままでは合格できない。しかし、朝六時からテストを毎日、三ヶ月間続けることで、頭がテスト慣れして、必ずその成果は現れる、自分の力を実感するようになる、と私は言葉を続けました。

早朝の補講をするにあたり、ほとんどの子は予備校の近くに住んでいたので特に心配はありませんでした。しかし、横浜から通いで来ている子には家族の協力が不可欠でした。ときどき高速を使い、家族のどなたかが車で送ってくる光景を見ると少し心も痛みました。けれども、私も毎朝五時には起きて登校していたので、そこは痛み分けです。冬になると、まだ真っ暗な道を歩き、白い息を吐きながらみんなが集まった教室は静かで、厳《おごそ》かな感じがしたのを覚えています。

「地獄の猛特訓」で偏差値が一五ずつアップ！

毎朝六時に、まずは生物の試験をスタート。そして生物の解説。若干の休憩をはさんで補講終了後は通常の授業に入ります。それを三ヶ月、毎日やったら偏差値が目に見えて上がりだしました。中には一五から二〇くらい上昇した生徒もいました。言葉にすると簡単ですが、朝六時からコトリともさせずに試験を受け続ける毎日ですから、実際に体験した生徒は「地獄の日々」と振り返るかもしれません。

徹底した習慣づけによって、できない子でもできるようになるのです。はっきりいってしまえば、どんなに勉強が苦手な子でも三ヶ月間それをやらせたら、自然と生物の試験脳に平凡な脳が切り替わってしまうのです。受験で点数をとるにはこの学習方法は有効ですし、私は子供たちを習慣づけることに自信がありました。

四人の脱落者

目に見える成果が、子供たちの手応えとなり学習プログラムの求心力となります。「このまま続けていけば志望校に受かる！」と、合格した自分の姿が自然とイメージできるようになっていきます。しかし、そこにたどり着く前に四名の子が補講に出てこなくなりました。

なぜ補講に出てこないのか聞いてみると、「どうにも起きられないから」という答えが返ってきました。起きられないから補講は「無理」、授業には出るから、それ以外は自学自習で充分だと自分で納得してしまっていました。「このままでは受からない。これからみんなが得点力を付けてくる時期に、量をこなさず、一人でわからない問題とにらめっこしている場合ではない」と、私は結構な剣幕で説得しましたが、四人は首を縦に振りません。私は彼らをあきらめました。

朝起きて、約束通り来る。そんな単純なことでも、続ける努力を怠れば当然継続できません。続かない人には、約束を守れなかったという事実と、他の子より二、三時間多く眠れたという事実が残るだけです。それはどんな理由を付けても怠慢というしかありませんでした。このことがクラスに悪い連鎖を生まなければいいが……と、私は心配しました。しかし、脱落者はその四人だけに留まりました。皮肉にも、脱落者が出たことで「自分はそうならない。最後までやってやる！」という意気高揚につながった面もあったようです。私は残された一一人の子供たちに全力を注ぎ込む決意を新たにしました。

そのまま予定通りに学力を上げ続けた人は無事に合格。脱落した四人は、やはり受かりませんでした。

今でも忘れられない浪人時代

当時の合格者の中に、特別、優秀な生徒がいました。補講を始める前には危ぶまれていた成績も順調に上がり、戦前から在る旧設の医学部に危なげなく合格した子です。彼は、医師になった今でも「先生、元気？」という調子で電話をかけてきては予備校時代を懐かしんで、あれやこれやと話をします。「あの時の先生の迫力は尋常ではなかった」と言うので、「それはきみたちの成績があまりにもひどかったからだよ。このままでは絶対落ちる！　と確信したもの」と返しました。そう私が言うと、彼は笑いながら「ああいう場や状況はもう今後無いだろうなぁ」と呟きました。

毎朝、傾向を押さえ吟味した七問くらいの問題を九〇回。合計六三〇問の問題を解き、しっかりと学力を身に付けた彼は、「受験のとき、生物で見たことの無い問題は無かった」と言います。そんな話を聞くと、学習の成果を彼らが努力の末に勝ち取ったことや、こちらの気持ちが伝わり約束を守り続けてくれたことを実感し、私は改めて幸せを感じました。

成績・学習・受験というキーワードで関わりを持った私と彼のような関係は、人格形成に重きを置く学校の教師と違い、ともすれば機械的で冷たいものと捉えられがちですが、お互いを認め、称え合える旧友のような豊かな関係を築くことも可能なのです。

一日一粒のピーナッツを食べ続けられるか？

私は脱落した四人の子に想いを馳《は》せます。彼らは、次の年には予備校を変え、やめていってしまいました。結局は、あの三ヶ月間を耐え抜く精神力、合格したいという気持ちが、他の子より足りなかったという点に集約されるわけですが、私は彼らとの間に信頼関係を築けなかったことが残念でなりません。受かる子、受からない子の差は、継続した努力ができるか、できないか、にかかっているのです。

私は学生たちにこんな話をします。今日、帰りにコンビニでピーナッツを一袋買って、その日から、全部なくなるまで一日一粒ずつ食べてみなさい。あなたはその約束が守れますか？　と。私もやってみましたが、お恥ずかしい話、一日三〇粒食べたり、全く食べない日があるなど、その通りにはできませんでした。

一日一粒のピーナッツを食べ続けること。これは、簡単そうに見えて、実はとても難しいことなのです。平凡なことを毎日、平凡にやり続けることが実は非凡なのです。一挙に頂上、目的地を目指すのではなく、一歩、一歩、踏みしめる感覚で、コツコツと目の前の課題をこなしていくことが、大切です。性急に結果を求めれば、努力は頓座《とんざ》してしまいます。私は学生たちに「非凡な亀」になれ、ともよく言います。決められたことをやり続けることが強靭な「力」を生むからです。受験においては継続性の有無が合否を分ける分水嶺《ぶんすいれい》なのです。

ポイント
継続性の欠如が自己実現を妨げる
①小さな約束事を守る誠実さが、大きな成果を生む。
②できないことの言い訳は、最後に自分に重くのしかかる。

4. 実例④　中・高での話題はテレビと部活動だけ

田舎の小学校では勉強ができたのに

よく小学校、中学校ではさほど勉強をしていなくてもいつも成績は上位クラスで、自分は「できる子」と思っていたのに、高校に入って急に成績が悪くなってしまう子がいます。

私が以前、資格試験予備校の講師をしていた頃、教え子の友達にちょうどそんな子がおりました。Aさんが生まれ育った北海道のその町は、地方によく見られる社会的流動性の非常に低い地域でした。小学校の同級生はほぼ全員が、学区内の同じ公立中学校へ進学し、私立中学を受験するのは医者の家庭かいじめに遭っている子供など特殊なケースのみで、毎年一人いるかいないかという程度だったそうです。そして公立中学から高校へも、ほとんど受験勉強しないで上がれるような状態でした。

そんな中、Aさんもご多分に漏れずなんとなく地元の高校に進学しました。授業を中抜けしたりコンビニでアルバイトをしたりして、毎日をおもしろおかしく過ごしていました。友達の家で遊んで朝帰りすることもあったといいます。そんなふうに毎日を行き当たりばったりで過ごしていたAさんでしたが、他の子たちと違ったのは、ある目標を持っていたことでした。

「ヤンキー」にメッセージを伝えたい

Aさんの育った地域では中学くらいから「ヤンキー」と呼ばれる子が勢力を伸ばすようになるのが通例です。ある日Aさんは、そのような普段好き放題にしている子供たちが、『聖者の行進』というテレビドラマを見て「とても感動した」と話しているのを耳にしました。『聖者の行進』は一九九八年にTBS系列で放送された野島伸司脚本のドラマです。工場に住み込みで働く知的障害者を主人公としたドラマで、彼らが虐待を受けながら毅然《きぜん》と対峙《たいじ》するストーリーは見る者の感動を誘いました。普段はあまり人の言うことを聞かない「ヤンキー」の子たちにも、ドラマを通してならメッセージが伝わる。「これだ！」とAさんは思ったそうです。将来はドラマ制作に関わる仕事をしたい、と目標を持ちました。

それでも、高校卒業後は大学の芸術学部か被服の専門学校に進学しようと漠然と考えていただけでした。もしそのまま順当に進学できていたら、今のAさんは無かったかもしれません。

上京を機に一気に開眼！

高三になり、予備校に通ったものの現役での大学受験は失敗し、上京して予備校の寮に入ることになりました。

「この一年間で私は変わった」とAさんは言います。同年代の人たちの語彙《ごい》力や話のネタが豊富なことにビックリしたのです。なぜなら、北海道では話題といえば昨日見たテレビの話と部活動のことぐらいしかなかったからです。それで十分楽しかったし、それが当たり前とも思っていました。

情報の豊富な周囲の人たちに刺激を受けたこともあってか、一日八時間の勉強も新鮮でおもしろく、成績も見る見る上がっていったといいます。夏には目標を私立大の芸術学部から、難関校のW大、K大にランクアップするほどになりましたが、残念ながらW大には落ち、当初の目標であった私立大の芸術学部に入学しました。しかし予備校時代に先生が言った「芸術学部からテレビ局へ進むのは難しい」という言葉が気になって仕方がありません。Aさんはテレビ局でドラマ制作の仕事をするという夢を忘れてはいませんでした。結局Aさんは三ヶ月で芸術学部を休学し、そこから猛勉強をして、翌年見事にW大に合格しました。

大学では放送研究会というサークルに入ったものの、大所帯で二年ほどは親しい友達もできなかったといいます。三年の終わり頃から勉強もおもしろくなり、講義後に教授ともよく話すようになりました。就職活動はテレビ局に絞って何社も回り、結果、地方の大手民放のある一社に制作職として見事採用が決まりました。

二十代半ばでの社会人デビューです。人より数年遅れたため、若いのに足踏みしすぎだと言われることも多いといいます。でもそんなことをAさんは気にしていません。「目標にたどりつく道は最短でなくてもいい。目標に向かってやり続けていくことが大事」と、Aさんは言います。回り道をしたからこそ、Aさんはそれに気づいたのでしょう。

そんな彼女の想いが、テレビドラマとなってお茶の間に送られてくる日もそう遠くはないだろうと思います。

ポイント　人は集団内で均一性を重視する傾向がある

①目標を持って、刺激的集団へ一歩抜け出そう。
②遠回りでもいい。目標に固執し続けることが大切。

5. 実例⑤　プレッシャーをかけすぎたエリート両親

三十五歳、アルバイト。その理由とは

ある日、我が家に届いた資格取得スクールのＤＭを見て、私はふとアルバイトをしながら公認会計士を目指して勉強をしているＴさんのことを思い出しました。彼も今年で三十五歳。「公認会計士の試験は厳しいので、税理士になろうかと思って……」と、相談を受けたばかりだったのです。

十年間浪人を続ける

彼の母親は大変な見栄っ張りで、世間体や成績を気にする性格でした。勉強に関しても、他の子供と比較して、成績優秀な子が有名私立中学を受験すると聞くと「あなたも受けてみたら?」と簡単に勧めるような無神経なところがありました。普段は甘やかして育てていたので、Tさんは親に逆らうこともなく、母親から見て「おとなしくて優しくて、いい子」に育ちました。

結局Tさんは、中学受験はしないで公立中学に進学しました。成績は優秀なほうでしたが、中学校でいじめに遭ったといいます。「おとなしくて優しくて、いい子」の性格が、同い年の子供たちには「暗く、自主性のない人間」に見えてしまったのかもしれません。後から考えるとこのいじめは小さな躓《つまず》きでしたが、当時のTさんにとっては一大事でした。両親はいじめに配慮し、高校進学の際には中学での知り合いのいない高校を探すことにしました。

第一志望の公立高校は学力レベルが達していなかったため断念しました。父親の親族にある私立高校に通っている者がおり、その親族に「いい学校だ」と勧められたこともありTさんは両親の意向に沿うようにそこへ入学しました。大学は現役で東京都内の有名私立大学に合格しましたが、「もっと上のレベルの大学へ」と志向した本人と家族は、入学を辞退し一浪を決意しました。Ｔさん自身に明確な将来のビジョンがあったわけではないのですが、浪人生活とはいえ自分の決めた道を進めることに小さな充実感と将来への期待を持った時期だったようです。しかし、次の年も受験に失敗。その後、約十年間、彼は浪人しながら大学を受け続けることになってしまったのです。

長い浪人生活でうつ状態に

長期間の浪人生活は将来への希望をすり減らし、挫折感と向き合う毎日が精神の健康を奪いました。Ｔさんはうつ状態になってしまったのです。受験もできない状態が数年続き、精神科に通院する日々。その頃は、親戚にも誰にも会わず電話もかけないような状態でした。その後病状が回復し、なんとか私立大学の二部を卒業、現在のアルバイト生活をするに至ります。そんな彼を両親も心配しなかったわけではありません。しかし、親らしい助け舟を出したり、きちんと話し合いをしたりというような、人間味ある関わりを子供と持っていたようには見えませんでした。

子供の可能性を奪った父親のコンプレックス

彼の父親は、誰でも知っているような大手企業で部長以上のクラスまで昇進し、生活も周囲の評価も人並み以上の、いわゆるエリートサラリーマンとして人生を歩んできた人物です。その分、息子にはかなり厳しい父親で、常に「もっと上を目指せ」と叱咤《しった》することはあってもほめたことは一度もありません。テストでいい点数をとってきても「まだだ」と相手にされず、現役で大学に合格した時ですら「よかったね」「頑張ったな」の一言も無かったといいます。

Tさんの話を聞くと、この父親の性格は複雑な生育歴に起因するようでした。父親は会社を経営する実父に厳しく育てられました。子供の頃から、塾通いやスパルタ教育を受け、息が詰まる毎日だったそうです。しかし、その父親も、学生時代は、親の期待するような成果を上げられなかったそうです。そのことの負い目とコンプレックスから、息子に対して必要以上に厳しく接し、性格や考え方よりも体面的な経歴や評価を重んじるようになってしまったのです。

親の無意識下のコンプレックスは得てして子供の自発的な学習を妨げ、自分の努力に対しての充足感を得られない子供を育ててしまうことがあります。Tさんは、いまだに「今度受からないと、お父さんに怒られる」が口グセです。「お父さんが……」「お父さんが……」そう言いながらつぶれてしまった彼の可能性は、あとどれだけ残されているのでしょうか。

ポイント

子供との関わりに人間味のない親は失格

①受け入れること、褒めること、叱咤激励すること、さまざまなあたたかみある関わりが子供を育てる。
②親の頑な態度は、過度のプレッシャーを与えるだけ。

6. 実例⑥ 才女が主婦になりたい驚きの理由とは？

人もうらやむ才女

要領の良い人間というのは世間にいくらでも存在するものです。それは幼い頃から備わっている特性ともいえるでしょう。

実際に学校での成績を見ても文系科目、理系科目を問わず、成績が良く、誰もが手こずるような数学の問題もスラスラと問いてしまう……そのような要領の良い人間が、実際に私の知り合いにおりました。

Sさんという女性です。Sさんは生来、勘が良いのでしょう。ピアノを習っていましたが、さほど練習をしなくても音大のピアノ科を目指せる程の腕前でした。勉強のみならず全てにおいて要領が良く、器用であったといえます。

ちなみにSさんには二歳年上の姉がいました。姉はそんな妹を見て育っているからか、常に劣等感を感じていました。一緒に習っていたはずのピアノも、妹が練習もせずにスイスイ弾《ひ》けるのに比べて、姉の方は懸命に練習をしないと追いつくことができません。それはまた勉強面でも同様でした。特に妹の得意分野の理系科目は、姉はいくら勉強しても苦手なままだったのです。姉は常に努力することを強いられていたのです。

父親の否定と姉の劣等感

彼女たちの父親は、出来の良い妹の出している結果に満足し、常に認めていました。一方、逆に努力の末にようやく結果を出している姉には、厳しく当たっていたと言います。しかし、そんな厳しい父親でも姉は認められたいがために、妹がのんびりしている間にも日々真面目に勉強し、特にテストの前には良い結果を出すために必死でした。

姉のその努力は無駄ではありませんでした。成績は常にトップクラスだったのです。しかし、そのような結果を出していても姉の心の中には「なぜ妹は努力をすること無く、なんでも人並み以上にこなせるのだろう。私はこんなにも必死の努力が必要だというのに……」という強い劣等感を抱き続けていました。

「努力はいや」と、適当に進学

全てにおいて要領良く、何においても優秀な成績を収め、高校時代を終えたSさんは、大学進学の際、周囲が勧める理系に進むことはありませんでした。Sさんは文系の、実に適当な大学を受験することにしたのです。ピアノの腕前も音大を目指せる程の能力があったにもかかわらず、です。

理由はただひとつ、「努力をしたくない」からでした。「もし理系に進めば、毎日実験やらレポート提出を強いられる。たとえ今、ラクに入学できても入学後に努力をするのはいやだ」ったのです。もちろん、ピアノに関しても同様で、練習漬けの日々を送りたくないのが、その理由でした。

そして姉はというと、厳しい父親から県内の大学しか行かせないという条件付きで受験をしたものの、その第一志望の大学は不合格になってしまったのです。しかし、併願していた東京の大学には合格しました。なかなか努力を認めてはくれない厳しい父親をなんとか説得し、東京の大学に進学することになりました。

姉は家を出てからも、無理を言って行かせてもらった東京の大学で、父親に認めてもらうべく勉強に励みました。「父に認めてもらいたい」という姉の毎日の努力はゼミの教授の目に止まり、大学院進学を勧められるという機会に恵まれたのでした。そして、大学院進学のためにさらに努力を重ねた姉は見事合格しました。

今は、二年間の修士課程も修了することができ、晴れて専門の研究所への就職も内定したのでした。

専業主婦はラク。だからお嫁さんになりたい

要領が良く出来の良い、しかし努力の嫌いなSさんは、大学卒業の就職の時期になっても

目標も希望も無いために、大学入学のときと同じように適当な理由……「親元から通えるから」で医療事務の職に就いたのでした。しかし、Ｓさんが進んで選んで就いた仕事ではないので、当然のことながら仕事自体に面白みを感じることはできません。働くということに目標や目的も無い、ただただ働くだけの日々が続きます。しまいにはＳさんは仕事をしなくてもいい身分、つまり「専業主婦」になって楽をしたい、と思うようになっていきます。専業主婦が果たして楽なのかどうか、さまざまな意見もありますが、とにかく彼女は楽な道、楽な道へ進みたい一心なのでした。

そこで親がさまざまな見合いの話をＳさんに用意するのですが、結婚したいという主な理由が「仕事をやめたい」だけですから、「（相手の）あそこが気に入らない、ここがダメ」とわがままを並べたてて断り続け、いまだに独身のまま親元に居候している有様です。

姉が久しぶりに実家に帰ってみると、それまでの父の態度は一変していました。「お前には厳しくしてきて悪かったな」という謝罪の言葉まで聞かれ、それを聞いた姉は一ようやく認めてもらえたんだ」という気持ちになれたのです。

才女からタダの人へ

かつていろいろな才能に溢れていたSさんは、今や「何ひとつ残っていない、タダの人」となってしまいました。要領が良く、出来の良いSさんに甘くしてきた父親は、努力から逃げ楽な道を歩もうとするSさんの方向性を諭すこと無く、彼女の姿勢を正す機会を失ってしまったといえるでしょう。Sさんに足りなかった才能は「努力をすること」「向上心を持つこと」「継続性・粘着性を持つこと」だったのです。

今、親元で居候しているだけの何も身に付いていないSさんを見ると、姉は「今まで厳しい父親に認められたくて頑張って努力してきた、あの努力自体は無駄ではなかった」と回顧することがあるそうです。

ポイント

才能を開花させるには継続的な努力が必要

①才能に溺れて努力を怠れば、二十歳《はたち》過ぎればタダの人。
②人に認められたいという願いが、努力の源泉になる。

7.「できない子」の親には特性がある

目の前の障害物を取り除く親

ここまで「できない子」六人の実例をご紹介してきました。

「できなくなる理由」は人それぞれ異なる要因がありますが、かなりの部分で親がその原因を作り出していることがわかります。親自身は子供に良かれと思って行動していても、知らず知らずのうちに子供をダメにしていることがあるのかもしれません。

そこで、この節では子供をダメにしてしまう親の特性について考えたいと思います。

幼児教育に長く携わり、数多くの親御さんと子供を見てきた前出の島村氏によると、子供をダメにする親の典型は、ひと言でいうと、「子供の前にあるものを取り除く親、はしごをかける親」だといいます。そのような親は、我が子を傷つけたくないがために、子供が行動を起こす前に先回りして、障害になるものをどかしたり、はしごをかけて橋渡しをしてしまうのです。

こうした傾向は人との付き合いの中にも顕著に見られます。子供と接触する人を親が選び、子供に迷惑をかけそうな人には初めから出会わないように、生活の中でバリアを張ってしまうのです。

グループワークには社会の縮図が見え隠れする

島村氏の塾では、子供たちの指導にグループワークを多く採り入れています。

たとえば、グループごとにお茶の入った大きなペットボトルとコップを渡し、みんなで分けるように言います。すると、ほどなく「僕がやる！」と言って配る子が出てきます。

一般に大人は他の人の分から配り始めますが、幼児はまず自分の分から入れることが多いです。欲が出て、つい自分のコップに入れすぎてしまう。結局、全員に配り終わる頃にはお茶の量は少なくなってしまいます。他の子たちは「なんだよ、どうするんだよ」という顔をして、好き勝手にいろいろな意見を言い出します。当の本人は、というと、「そうだ！」と言って、何かひらめいたのか多い分だけ自分のお茶を飲み、これでみんなと同じだね、と涼しい顔をするケースがあります。

こういう訳のわからない子供が同じグループにいたら、どうすればいいのか。こうしてさまざまなタイプの子供との交わりの中から、多くのことを学んでいくのです。

また、グループに分かれてドミノを積み上げる競争では、最初はどのグループもすぐに倒してしまいます。するとグループ内から一人賢い子が出てきて、積み上げるときに「机にさわらなければいいんだよ」と言います。一方で失敗を延々と繰り返す、懲《こ》りない子供たちもいます。懲りない子供が集まったグループは何回挑戦してもうまくいきません。これはある意味、社会の縮図です。自分よりも弱い人や不器用な人、周囲が見えない人を集団内に抱えたときにどうしたらいいか。リーダーとなる子供にはそういった経験もさせなくてはなりません。

しかし、優秀な子を持つ親は、我が子よりも優秀でない子供の中で学ばせることを非常に嫌がるそうです。逆に発達の遅い子の親は、秀《ひい》でた子供のグループに入ると、我が子が目立たず、恥をかくと言って嫌がります。「これでは生きる力がスポイルされます」と島村氏は警告します。

親が子供に居心地のいい人間関係だけを与えていると、子供は付き合いやすい人としか付き合わなくなり、面倒なことを避けるようになります。自己主張することも知らず、競い合う気持ちや方法もわからずに育ちます。人は異質の人間との衝突を通して痛みや危険を避けることを学び、それが、ひいては他人に対する優しさになりますが、そうしたことも身に付きません。

この生きる力を持たない子供が、その後、勉強の面で問題を起こすことにもなるのです。

自分のお子さんを、部下にしたいですか？

島村氏は、できない子の親に大きく欠けているものは「子供に対する分析能力」で、「祖父母と同じように子供に対して盲目となってしまい、子供の短所をそのまま放置している」と指摘します。

島村氏はよく子供の父親にこう質問するそうです。「お父さんは働いていらっしゃいますが、自分のお子さんを部下に欲しいですか？」と。すると全員が「いやあー、どうだろう」と苦笑いしながら答えるそうです。

勉強のことばかりを気にしている親は、そういう大事なところに気が付きません。勉強がそこそこできても、社会人として通用しないのでは子供は生きていけないのです。子供は幼稚園・保育園から始まって小学校・中学校・高校・大学と進んでいきます。そして最終的に行き着くところは〝社会〟です。子供が社会に出たとき、この子はどうなのか？　親は社会人の視点で、子供を見ていかなければいけません。

そのためには、まず親が自分自身を分析し、長所・短所を知ることが重要です。子供が親の長所・短所を受け継いでいれば、同じ成功や失敗を繰り返す可能性があるからです。そして、子供の行動をよく観察し、「これは手をかけないとまずい、このままでは社会的に通用しない人間になりかねない」という短所を選び出し、対策を施《ほどこ》していく必要があるのです。

子供の短所は大なり小なり、学ぶ姿勢と関連しています。「集中力が無い」、「人の話を聞かない」、「勝手なことをする」などがその代表的な例です。こうした短所を克服することは、結果として勉強にプラスの効果をもたらすのです。

子供には嫌がることをやらせよ

小学校の先生が直面する問題のひとつに「掃除」があります。近頃は、掃除をしようとしない子供が増加傾向にあります。掃除をしない子供が七割いれば、「あの子がやらないなら、私もいいや」となり、徐々にそのクラス全体が掃除をしない集団と化していきます。

元来、掃除は躾《しつけ》の一環として家庭で教えるものでした。ところが、最近の子供は掃除の仕方がわからないばかりか、自分たちが使う場所や教室、図書館の本などを大切にしようという価値観までもが親からインプットされていないのです。

子供たちのこうした現象について、島村氏は「小学校に上がる前までに、子供の社会性を十分に育んでいない親が増えてきている。そういう親は、子供の好きなことをひたすら優先する傾向にある」と言います。

幼稚園のお弁当を例に挙げましょう。「全部食べてから外で遊びましょう」というルールがあると、子供が遊べないのはかわいそうだからと、初めから量を極端に減らす親がいます。そういう親も食育についてはこだわりを持っていたりするのですから、矛盾極まれり、です。

また、子供がＤＶＤでアニメを見るのが好きだからと、乳幼児期に外で遊ばせることを一切しないで、家の中で延々と見せている親もいます。

こうした親は、幼児期のうちに体で覚えなければいけない社会性の部分を、全く教えないまま小学校に行かせてしまうのです。どうやらその根底には、子供を傷つけたくない、子供に辛い思いをさせたくない、という強い思いがあるようです。躾のように、子供が嫌がることを無理にやらせることは、あたかも子供に深い傷を負わせることだ、と考えているのです。でも、これは大きな勘違いです。

社会性が育まれていない子供は、周囲との関係性から自分はどうするべきか、という判断ができません。いわゆる〝マニュアル人間〟です。したがって勉強も、努力しなくてもできているうちはいいのですが、いざできなくなると、何をどう勉強したらいいのか自分ではわかりません。「勉強って、どうやるんですか?」と先生に訊くのはかわいいほうで、多くの場合、誰かが教えてくれるのをじっと待っている場合があります。これでは到底、勉強ができるようにはなりません。

僕は我慢の仕方を教わっていない

また、社会性が身に付いていない子供は我慢が苦手です。勉強に取り組むには多少は辛くとも我慢することが必要ですから、これは大きな障害となります。しかし、そうした子供たちはおそらくこう開き直るでしょう。「我慢って、どうやるか、教わらなかったから、できるわけない!」。

島村氏は「我慢を覚えさせるマニュアルはある」と言います。「五〇〇m先の水汲《く》み場からバケツで水を運んできて、浴槽に貯めなさい。そうしないとお風呂に入れないと、一ヶ月間、毎日言い続ける」ような方法です。

確かに今は昔と違い、水汲みをさせる環境にないのも事実です。しかし、人間は百年前も千年前も本質的にほとんど変わりないのですから、我慢を教える手法を変える必要もないのです。いつの時代も、子供が本能のおもむくままに行動していたら、人間として生きていくための〝あり方〟を親は厳しく指導していかなければならないのです。

「情報」を見ず、「子供」を見よ

昨今の情報通信の発達に伴い、「常に子供が視野に入っていないと安心できない親」が増えてきているそうです。そして「このタイプの親は、間違いなく子供をダメにする」と言われます。

なるほど、携帯電話が多機能化し、メールはいうまでもなく、GPSや映像配信など、巷《ちまた》には便利なサービスが溢れています。子供の居場所を確認することもできますし、場所によっては子供の過ごしている様子を映像で見ることも可能です。

こうした情報に依存し、それが当たり前になってくると、通信機器を通して子供を常に視野に入れていないと不安になってきます。中学生や高校生が過度に携帯メールに依存し、食事中も入浴中も携帯を手放せないのと同じ理屈です。しかし、通信機器を通して確認する子供はあくまでもバーチャルであり、生身の子供ではありません。

島村氏は「こうしたタイプの親は、子供を常に視野に入れているようで、実は肝心な子供の顔をあまり見ていない」と指摘します。たとえ、この瞬間に子供がどこにいて何をしているかわからなくとも、「ただいま」と帰宅した子供の顔を見れば、「今日も楽しく過ごしたのだな」とか、「友達とトラブルでもあったのかな」とわかるはずです。その顔つきをきっかけに、親子の会話が始まることもあるでしょう。

情報に依存する親は、こうした自然で本能的な親子関係を結ぶ機会を明らかに逸しています。そういう親は、子供にとっては自分のことを見てくれない存在として映ります。これでは子供は不安なまま成長を続けるだけで、やがて勉学の面でも行き詰まります。それでも親自身は「子供に愛情をかけている」と錯覚をし続ける。この点が最大の問題です。

親は刺激の引き出しを増やせ

核家族化やサラリーマン化が進んでいる影響か、最近の家庭は交友関係が非常に狭くなっています。親自身がそういった家庭で育ってきていますから、ネットワーク作りもあまり上手とはいえません。せいぜい子供の通う幼稚園や学校で、クラスや学年のお父さん・お母さんと交流を図る程度です。

こうした場合、親の持つ刺激しか子供に与えられない状況が生まれています。しかし、「いろいろなところから刺激を持ってこないと、子供には磨きがかからず、能力が高まらない」のです。昔はサラリーマンでないお父さんも多く、中には型破りな人もいました。そうした家庭に遊びに行けば、自然とそのお父さんからさまざまな刺激を受けることができたものです。

今はそうではありませんから、親がそういう現実を直視し、よく自覚して積極的に多様な刺激を持ってくることが大切です。たとえば、砂遊びをするならば、公園の砂場だけではなく、時には海辺の砂浜で遊ばせるということです。砂で遊ぶことに変わりはなくても、海辺の砂浜では果てしなく広がる海を実感できますし、蟹《かに》や貝殻を見つけることもできます。このような広い世界観は、公園の砂場では絶対に得られないものなのです。

子供に与える体験は何もお金をかけた特別なものである必要はありません。親の意識次第で、子供の器は狭くも広くもなり得るのです。

8. これを身に付ければ「できる子」になる！

第1章で「できる子」を、第2章では「できない子」を、それぞれ実例を挙げてご紹介してきました。親の子供との関わり方が、「できる」「できない」に大きな影響を与えていることから、「できる子の親」「できない子の親」それぞれの特性についても、考察を加えました。

では、当の子供にはどのような特性があるのでしょうか。「できる子」と「できない子」を分けているものはなんなのでしょうか。この節では、第1章と第2章の実例をおさらいしながら、「できる子」にあって「できない子」にはない特性を明らかにしていきたいと思います。

①能動性　――能動的に自分から働きかけよ――

「できる子」の多くが持っている特性として、まず「能動性」が挙げられます。「能動性」が顕著に表われている例は、できる子の実例⑤に登場するOさんでしょう。

Oさんは二十代の後半にしてOLをやめ、「医者になる」と決意をして私の予備校の門を叩いた女性です。「医者のお嬢さんがなぜ、そんな苦労をしてまで頑張るのか」と教える側の私が不思議に思うほど、医者を目指す意志が固く、授業の後は毎回質問に来るような熱心な生徒でした。必死に勉強した甲斐があって、見事、一年で合格。医大卒業時には成績優秀者に名を連ねるという優秀な人材に育っていきました。

Oさんの能動性は、「OLをやめ医者になる」と自分で人生を大きく軌道修正した点と、毎回質問に来るような積極的な勉学態度によく表われています。人生も勉強も受身ではなく、自分の意思で切り拓いているのです。

Oさんは女性で年齢も重ねており、当時としては医学部を目指すには悪条件が重なっていました。しかし途中であきらめることなく、逆境をはね返し、最後まで能動的に突き進んでいけたのは、「医者になる」という明確な目標・目的があったからに他なりません。

そう考えると、「能動性」は「目的」によって支えられているということができそうです。

一方、Oさんと対照的なのが、できない子の実例①に登場するY子さんです。

Y子さんは小学校二年生から、共働きの両親の帰宅までの時間を過ごす場所として、塾に通い始めましたが、成績は常にトップクラスでした。〝天才少女〟はそのまま流れに乗って中学受験をし、難関国立中と私立女子中に合格を果たしました。しかし、塾をやめた途端、学校の成績が急降下し、〝タダの人〟になってしまったのです。

原因は、塾では与えられる問題をただ解いていた、という受動的な勉強の仕方にありました。能動的に勉強する姿勢が身に付いていなかったために、ひとたび塾という枠組みが取り払われると、どう勉強したらいいのか、わからなくなってしまったのです。

Ｙ子さんは、素質は充分です。ですから彼女がこの先、「能動性」を身に付けさえすれば、再び〝天才少女〟と言われる日が訪れるでしょう。私はそれを確信しています。

②継続性　――やり始めたら、成果が出るまでその道を歩き続けよ――

「継続は力なり」といわれるように、ひとつのことを長きに渡ってやり続けることは、それ自体、大変な苦労です。だからこそやり続けることのできる人は、その分野で大きな成果を収めることも可能なのです。

「継続性」が無かったがために、医学部に進めなかったのが、できない子の実例③に登場する四人の脱落者です。朝六時からの早朝補講に、三ヶ月間頑張って出席することができず、将来を棒に振ってしまいました。一方、残りの一一名は早朝補講に継続して出席し、見事に医学部合格の夢を果たしました。まさに天国と地獄です。

私は、脱落した四名も「継続性」さえ具備していれば、他の一一名と同じように合格を勝ち取れたと思っています。

③粘着性　――何度失敗しても弱気になるな。スッポンのようにくらいつけ――

できる子の実例④に登場するN君は、海外で放浪生活を送っていましたが、祖母危篤の知らせで帰国、リハビリを手伝ううちに、医者への夢を膨らませていきました。しかし医学部合格までには、その後九年もの歳月が必要となるのです。

三月の合格発表で不合格を知ったその瞬間から、次の一年間の受験勉強が再び始まります。そして翌年三月、合格発表で再び不合格を知り、もう一年間、受験勉強を繰り返すことになります。N君はこれを九回も繰り返したのです。九年もの長い間、医学部合格をひたすら信じて勉強をし続けたN君の「粘着性」はかなりのものです。

その超人的な「粘着性」のゆえに、N君は晴れて医学部入学の道を切り拓くことができたのです。

一方、「粘着性」のかけらも感じられないのが、できない子の実例⑥に登場するSさんです。理科系の学問やピアノのセンスに人がうらやむほどの才能を持ちながら、努力をすることが嫌いだからと、どちらの方向にも進まず、親元から通える病院に平凡な就職をしました。しかし、今度は働くことさえ面倒くさいと、専業主婦となるべく永久就職の相手をお見合いで探しています。

このSさんには野心や成功願望、人生の目的といった、「粘着性」を支える要素が全くなく、ただ楽をしたいという思いのみで行動をしています。今はまだ両親が健在ですから許されているのでしょうが、その先の人生をどう切り拓いていくのでしょうか。彼女にとり、たとえ良いめぐり合わせがあったとしても、結婚生活は果たして長続きするでしょうか？

④論理性　――有効・有益に行動するために、頭をフル回転させよ――

以前、一流高校の先生が「能力のある者は勉強の仕方など教えなくとも、決まって自分のスタイルを築くものだ」と言っていたことがあります。これは、「彼らは自分の勉強のスタイルは自分で考える。自分に一番合ったスタイルを作っていける。だから彼らに勉強法を話す必要は全然無い」という意味だと思います。この話に登場する生徒たちには「論理性」が備わっているといえるでしょう。

できる子の実例⑥に登場する弁護士のTさんも「論理性」を備えた人です。いかにして短期間で司法試験に合格するか、そのためにまず試験自体を分析し、最も自分に合った勉強法を開発していきました。そして、頭が集中する早朝の二時間を効率よく使うために、勉強の配分も工夫していきます。こうした「論理性」に裏打ちされた勉強法によって、二十四歳という若さで司法試験に合格を果たしたのです。

「論理性」のある人は、勉強のスタイルだけでなく、書いた文章も生活も全てが論理的であることに最近、私は気が付きました。つまり、論理的な生活のできる人であれば、勉強のやり方にも「論理性」が備わり、やがてできる子になれるのです。哀しいかな、「論理性」が無ければ、その逆で成果は望めません。

できない子の実例④に登場するAさんは、中学・高校では友人との話題はテレビ番組と部活動しかありませんでした。友達の家に泊まってそのまま登校する日もありました。つまり、論理的生活とは対極にある、負のシナジー効果の渦の中で生活していたのです。このような日常を送っていては、勉強が徐々にできなくなるのも当然です。

Aさんは東京の予備校の寮で浪人時代を過ごすことにし、それが理由で負のシナジー効果の渦からたまたま抜け出すことができました。東京の仲間は情報も知識も豊富で、そういう仲間とともに学び、語り合ううちに、いつしか論理的な生活を送るようになっていったのだと推測されます。

「論理性」を身に付けるには、生活自体をガラッと変えることも時には必要です。夜更かし・朝寝坊、不規則な食生活、テレビやゲーム、携帯電話への依存――そうした悪しき生活習慣があるのであれば、まずそれを見直すことから始めるのです。そうすれば、「できる子」への突破口になるかもしれません。

ここまで見てきました「できる子」と「できない子」の実例から、両者を分けているものが、「能動性」、「継続性」、「粘着性」、「論理性」であることがうすうすおわかりいただけたでしょう。では、どうすればこうした特性を身に付けることができるのでしょうか。どのように子育てをすればいいのでしょうか。

これは、私自身が最も頭を悩ませている事柄です。

我が家にも子供が二人います。できるのか、できないのか、まだ小さいので未知数ですが、親としてどのように関わることが子供にとって良いのか、常に考えながら接するようにしています。お恥ずかしい話ですが、第3章では私の子育て奮闘記を少しご紹介しましょう。読者の皆さんの参考になれば、非常に嬉しく思います。

第3章 著者の子育て奮闘記

1. 自分の子供ということを、まず自覚すべし！

DNAは半分同じ、だから自分にも二分の一は責任がある

私には小学五年生と小学三年生の娘がいます。上の娘は物事にコツコツ取り組むタイプで、比較的几帳面《きちょうめん》でその点が私に非常によく似ています。一方、下の娘は顔立ちが母親にそっくりです。皆さんも、「理屈っぽいところがお父さんにそっくり」とか、「お母さんに似て走るのが速い」など、これまで幾度となく言われた経験をお持ちでしょう。

改めて考えることもなく、私たちはそれを当然のこととして受け止めます。子供は父親と母親のＤＮＡを半分ずつ、専門的にいいますと、四六本の染色体のうち、両親からそれぞれ二三本ずつ受け継ぐのですから、性格や外見、能力が親に似ることは当然起こることなのです。

子供が親に似るというのは、勉強に関してもいえることです。「歴史好きはお父さんに似たのかな」、「お母さんもあなたと同じで国語が得意だったのよ」――子供の勉強がうまくい

っている時は、このようなことを好んでよく口にします。

ところがどうでしょう。子供の勉強が親の期待通りにいかなくなった途端、「できないのはお前が悪い」と、子供に責任を押し付ける親があまりにも多くはないでしょうか。

すでに申し上げたように、子供は両親のＤＮＡを半分ずつ受け継いでいるのですから、いいときも悪いときも、半分は自分の責任なのです。その自覚の無い親が最近、目立って多くなってきています。自分とは全く別の人格のごとく、子供のことを把握するのは良くありません。

ひどい話になると、「受験に失敗したのはあなたのＩＱが低いからだ」といって夫婦喧嘩から離婚にまで発展するケースがあるのだそうです。これは愚かです。どちらかが一方的に悪いということはありません。

それは子供にとって大きな不信感となって残ります。「お父さんは子供の頃、これができなかった」、「お母さんもできないことがある」――親の真の姿を子供にさらけ出して話をすることが大切なのです。目の前にいるのは〝自分の〟子供、生き写しだということを、親は自覚して向き合わねばなりません。

自分の子供時代を親にじっくり訊いて対策を

子供の半分は自分の責任だからといって、では、似てほしくない親の欠点が子供に受け継がれていた場合、それも仕方がないのかというと、決してそうではありません。

是非これは実行していただきたいのですが、自分の親に、あなたが子供のときの話を時間をとってじっくりと訊いてみてください。赤ん坊のときから始まって、幼稚園、小学校、中学校、高校と、あなたがどういう子供だったか、どんなエピソードがあったか、話をしてもらいましょう。

ポイントとしては、①約束を守れるか、②忘れ物をしないか、③後片付けがよくできるか、④人の話をよく聞ける子供か、⑤お手伝いができるか、⑥自ら進んで学校の準備ができるか、⑦友人とどのように関わっているか、などです。

それに加えて、通信簿に記された先生のコメントなどもチェックしてみましょう。

驚かれるかもしれませんが、大体の部分において、ご自身が自分の子供と似ていることに気が付くはずです。そして、ここからが大切です。そのとき親は子供だった自分に対して教育面でどのように取り組んだかを尋ね、それと比べ自分は今どのように行動しているかを分

親・子分析表

検査項目		私	子供
1	約束を守れるか		
2	忘れ物をしないか		
3	後片付けがよくできるか		
4	人の話をよく聞ける子供か		
5	お手伝いができるか		
6	自ら進んで学校の準備ができるか		
7	友人とどのように関わっているか		

析するのです。

もし親の口から「お前の育て方を間違った」といったニュアンスの言葉が聞かれたら、その間違った点が何かをよく追求してみることです。そして、あなた自身はその過ちを是正《ぜせい》して、自分の子供と向き合ってみることです。

「サンタクロース」は父の知人

親から聞いた私の子供時代の話を少ししましょう。

両親は勉強のことには頓着《とんじやく》しませんでしたが、生きていく上でヒントとなるようなことわざや警句はよく口にしました。

「求めよ、さらばひらかれん」、「人生は遠き坂道を重荷を背負いて行くがごとし、油断をすると元に戻るぞ」。ことあるごとに聞かされるこの二つの名句は、次第に私の脳裏に焼き付いていったようです。

今、思い起こすと、私の子供時代は、自由に満ちたものでした。また、子供の頃の記憶といえば、周囲の大人に良くしてもらったことが印象に残っています。

中でも鮮明に記憶しているのが、毎年、私の誕生日にサンタクロースのように必ずプレゼントを届けてくれたおじさんです。プレゼントは『小学○年生』という雑誌です。小学校一年の誕生日から六年の誕生日まで、合計六回プレゼントを届けてくれました。

おじさんは父の知人だったようですが、家族でも親戚でもない赤の他人が誕生日を祝ってくれるということが子供心にとても嬉しく、今でもその人の顔をはっきりと覚えています。子供はそういう関わりをしてくれる大人を身近に感じ信頼します。

ある年の誕生日、確か五年生の年だったと思いますが、その日は春の嵐で早朝から風が強く、ひどい大雨でした。私は、まさか今日は来ないだろうと思いました。ところが、おじさんは土砂降りの雨の中を紺色の合羽《かっぱ》を着て、びしょぬれになりながら、本を届けにきてくれました。あの日のことは忘れられません。子供は人の優しさやありがたさをよく覚えているものです。

そして、こうした成長過程で肉親の愛情とはまた別の形の「人の優しさ」に触れることは、社会性を育むという意味でも非常に重要だと私は感じます。家族以外の人物からも尊重され守られた経験、記憶が軸にある子供に、先々人間関係の軋轢《あつれき》や摩擦《まさつ》を苦にしない人に育っていくのではないでしょうか。臆せず人と関われる、という成功者の必須条件を具備するための第一歩は、意外にも、基本的な信頼意識を持てるか否か、なのかもしれません。

2. 自分をさらけ出して本音で向き合えば、子供は必ずわかってくれる

先生が泣きながら朗読した――「山古志村のマリと三匹の子犬」――

私の二人の娘たちは私立の小学校に通っています。私立というと、先生も生徒たちもお高くとまっているようなイメージをお持ちの方もいるかもしれません。しかし、実際はそのようなことはないのです。むしろ先生も生徒たちも本音でぶつかり合って付き合っています。

上の娘が一年生のとき、それを強く感じさせるエピソードがありました。

その日、学校から帰ってきた娘が私に早速こう言いました。

「あのね、今日、先生が泣いたんだよ、本を読んで」。

先生が泣く？　私は不思議に思いました。そして、どんな本を読んで泣いたのか訊いてみると、「山古志村《やまこし》のマリと三匹の子犬」という本であることがわかりました。クラスの担任の先生は授業中、この本をみんなに読み聞かせているうちに泣き出してしまったというのです。

「山古志村のマリと三匹の子犬」は、実話を元に書かれています。簡単にストーリーを紹介しておきましょう。

二〇〇四年十月二十三日の朝、新潟県山古志村で産まれ育った一匹の犬「マリ」が三匹の子犬を初産《ういざん》で産みました。しかし、その日の夕方、あの新潟県中越地震が起きたのです。多くの家屋が倒壊し、全村に避難命令が出されるほどの甚大《じんだい》な被害が発生しました。

そんな中マリは、倒れたタンスの下敷きになった飼い主のおじいさんの顔を舐《な》め、励まし続け、さらに自分の三匹の子供を守り続けました。マリのこの必死の励ましにおじいさんも生きる希望を取り戻して、三日後、救助隊によって救出されます。しかし、全村民避難という非常事態では、何よりも人命優先の措置《そち》がとられます。励ましてくれたマリと三匹の子犬たちは、他の動物たちとともに村に取り残されることになったのです。

地震から十六日が経ちました。ヘリコプターで一時帰宅した村の人たちは、マリと三匹の子犬たちが必死に力強く生きている姿を見つけました。

「山古志村のマリと三匹の子犬」の朗読を通じ、先生は生命の尊さや、生き抜くことの大切さ、そして他者に対する思いやりや頑張り抜くことなどを、子供たちに伝えたかったのだと思います。しかし、先生は読み進めるうちに泣き出してしまい、とうとう最後には、涙声で朗読を続けざるを得ませんでした。

朗読中の先生の泣いている様子から、子供たちはそれがとても悲しい話であることは理解できたでしょう。しかし、話を聞きながら涙する子供は誰一人いませんでした。先生の伝えたかった切なくも感動的な部分に、子供たちは感情移入できませんでした。では、先生のこの読み聞かせは失敗だったのでしょうか？

私はそうは思いません。子供たちは、先生の涙から何かを摑《つか》んだに違いありません。彼女たちの心のひだには何かが焼き付いたと思います。

将来、彼女たちが成長し、ふとした瞬間にこの出来事を思い出すことがあるでしょう。そのとき、彼女らは、「先生は、一人の人間として私たちに率直かつ本気で向き合ってくれた」と、感じると思います。そしてそれを感じるだけでも先生の思いは確かに伝わったのです。先生の涙は大切なものをきちんと伝えていたのです。

「蜜柑」に描かれた姉弟愛

娘の先生のように、私にも、いずれ娘に読み聞かせたいと思う作品があります。それは、芥川龍之介の「蜜柑《みかん》」です。なぜならこの作品に描かれた世界観も、人間にとって普遍的な

〝家族愛〟〝兄弟愛〟が象徴されていると思うからです。

横須賀発上り列車の二等車両に主人公が座り出発を待っていると、これから奉公先へ戻ると思われる十三、四歳の小娘が慌《あわただ》しく列車に乗り込んできます。その風貌からして、いかにも田舎者らしい小娘は大きな風呂敷包みを抱え、その霜焼《しもや》けの手には三等切符がしっかりと握り締められています。主人公はその小娘の下品な顔立ち、不潔な服装、そして二等と三等の別をわきまえない卑《いや》しさ図太さに腹立たしさをおぼえます。

しかし、列車がトンネルにさしかかった時、小娘の態度に異変が生じます。小娘は、閉まっている列車の窓を降ろそうとやっきになり、悪戦苦闘の末、ついに下へバタリと降ろしてしまうのです。折りしも、列車はトンネルを滑《すべ》りぬけて貧しい町外れの踏み切りにさしかかろうとしていました。

その瞬間でした。窓から半身を乗り出していた小娘が懐《ふところ》にしまっていた複数の蜜柑を取り出すと、それをこともあろうに空中に放り投げたのです。放られた蜜柑の下には、奉公先に向かう姉を見送る幼い弟たちの姿がありました。

私自身は、芥川が名作「蜜柑」で描いたような〝家族愛〟や〝人間愛〟を残念ながらあまり味わったことがありません。ただ、小学校低学年の頃に父から聞いた話で印象に残っていることがひとつだけあります。それは、私が二歳の頃の話です。国家公務員であった父の転勤で、私たち一家は札幌に転居することになりました。青函《せいかん》トンネルなどまだ存在しない時代でしたので、上野から青森まで列車を乗り継ぎ、青森から青函連絡船で津軽海峡を渡ることになったのです。

船旅は困難と危険が予想されました。南から大きな台風がやってきているという情報があったのです。しかしながら、赴任時期の問題もあり、私たち一家は八月末出航の「摩周丸《ましゆうまる》」に乗らざるを得なかったのです。洞爺《とうや》丸台風の四年後のことでしたので、不安が募《つの》りました。

大荒れの予想をおして出航した船は、予想通り暴風雨の中、難破の危機にさらされます。両親は荒波に放り出されることを一時は覚悟しました。そのとき、父は携帯していた柔道着の黒帯を抜き取ると、末っ子である私の小さな体にそれを強く縛りつけました。荒れ狂う海に投げ出されたら、そんな帯が役に立とうはずもありません。しかし、父がとっさにとった行動がそれでした。幸運にも船は沈まず私たちは助かりました。

その時の状況について、それ以上の話を父はその後も一切しませんでした。けれども、私の心にはとてつもなく強いメッセージとしてその話は刻まれました。

娘からの最初の手紙

話のレベルは違いますが、私も父親として娘と真剣に向き合ったことがあります。最初にそのように感じたのは、娘が小学校受験のため本格的に学習を始めた五歳頃のことでした。麹町にある指導水準の高い塾に通うようになると、娘の拒絶反応がはっきりと出始めたのです。遊びの場である幼稚園と違い、塾では挨拶《あいさつ》から学習中の受け答え、同級生との関わりに至るまで厳しいチェックを受けます。そして、来る日も来る日も慣れないペーパーテストに取り組み、出来不出来を親子ともに意識させられます。

ある日、家内から「娘が塾の入り口で立ち往生し、なかなか入ろうとしない」と聞かされました。泣きじゃくったまま、ほとんど勉強にならないこともあったそうです。その状態をしばらく放っておきましたが、考えた挙句、ある日、私は娘に手紙を書きました。

手紙の内容は、受験はするけれどもお父さんは結果ばかりを求めている訳ではないこと、幼いうちに頭を使ったり礼儀を身に付けるのはとても大切であること、だから、一度始めた以上しっかり続けるべきだと考えていること、を伝えるものでした。そして最後に、「どんなにあなたができなくても、おとうさんは、ずっとあなたのみかただ。おとうさんはかならず、おうえんする」と記しておいたのです。

そして、泣きたくならないおまじないとしてお守りも添えておきました。すると、翌日の夜私が仕事から帰ってくると、娘からの一通の手紙がテーブルに置いてありました。

手紙は、新聞の折込チラシの裏面に、太いエンピツでほとんど読み取ることのできない字で次のように書いてありました。

『きみおさんへ　きよう　わたしわ　べんきよお　お　なかないでがんばたんだよ　おとうちゃん　おまもりありがとう　うさぎ』

手紙の最後には、リボンをつけたウサギらしき絵がなぜか描かれていました。家内によると、その日から娘は塾で泣かなくなり、現実と少しずつ向き合い始めたように見えた、とのことでした。

3. 子供の興味の対象を理解できているか

子供に逆質問

兄弟や姉妹でも食べ物の好みが異なったり、性格が正反対である、などというのはよくあることです。私の上の娘は勉強が好きなようで、漢字をよく覚えますし、ことわざにも興味を持ちます。「この言葉の意味がわからない」と、私の仕事部屋へ教科書を携《たずさ》えてはよく質問にやってきます。簡単に済まそうと思えば、意味を教えるだけもいいのでしょうが、私はできるだけ娘と一緒に辞書を引いてその言葉の意味を調べるようにしています。

娘の言葉に対する興味を利用して、私から娘に質問をすることもあります。

いつだったか、「〝急がば回れ〟と〝善は急げ〟は、逆のことを言っている気がするけれど、どちらが正しいのかな？　お父さんはよくわからないから、教えてよ」と娘に言ったことがありました。

娘はあれこれ調べながら、一晩じっと考えていたようです。翌日、私のところに来て言った答えは「よくわからなかった」でした。私は「考えてくれてありがとう」と伝え、その労をねぎらいました。

娘が期待していた答えを言わなかったからといって、私はどうこう言うつもりは全くありませんでした。それよりも、彼女がひとつのことを一生懸命に調べ考えたことのほうが重要でした。付け加えるならば、それがお父さんのため、すなわち人のためであったということが、また別の深い意味を持っていると思います。

「あざらしとあしかの違いは何?」

ちょっぴりズレてはいるものの、比較的勉強好きな姉に対して、妹のほうは勉強に全く興味がありません。ところが、あざらしなどの動物には異常に関心を示します。そこで私はときどき、夕食の席で次のようなことを言います。

「あざらしとあしかの違いがよくわからないんだよ。あなたは動物に詳しいから、明日、学校から帰ったらお父さんに説明してくれないかな」。

すると勉強の宿題には全く積極性のない下の娘が、そういうことはきちんとやるのです。学校の図書館で図鑑を借りてきて、あざらしとあしかは似ているけど、ひれがこう違うとか、ひげがどうだとか、図をコピーして熱心に説明してくれます。「なるほど、よくわかったよ。あなたは海獣博士だね」と言うと、娘はとても嬉しそうにしています。

子供とのこうしたやりとりからいえるのは、子供は好きなことをやらせてあげると積極的に取り組むということです。そういうことをきっかけにして、子供の能力は伸びていくのではないでしょうか。頭ごなしに「勉強しなさい」では、芸が無さすぎます。それでは子供はただ反発するだけです。親はもっと柔軟に子供と向き合うべきではないでしょうか。

子供に好きなことをやらせるためには、その前提として、子供が何に興味を持っているか、何が得意か、を親がよく理解していなければいけません。子供の話していること、書いているものを一度よく見て、〝この子はどういう子なのか〟〝この子は何に興味があるのか〟をじっくりと観察してみるといいでしょう。

学校の運動会に参加して気づいたこと

私は娘の運動会に、時間の許す限り参加するようにしています。

運動会に行くと決まって感じることがあります。それは子供たちの能力の差です。一〇〇メートル走を見ると、どの子もとにかく必死の形相で走っています。子供たちがあれほど一生懸命に取り組むことは、運動会を除いて他にはないのではないでしょうか。グラウンドには、嘘がありません。中には踊りのお師匠さんのように、手を下のほうでヒラヒラさせながら走っている子供もいますが、その子はその子なりに精一杯走っています。

しかし、どれほど一生懸命に走っても、足の速い子と遅い子の差は歴然としています。これはその子が生まれ持った運動能力の差です。よしんば走るのが遅い子が、運動会の何ヶ月も前から毎日ランニングし練習を積んだとしても、決して埋められる差ではありません。一朝一夕《いっちょういっせき》に一位になることは難しいのです。

この点、子供に不平等を感じさせるのは良くないと、運動会の一〇〇メートル走では全員が揃ってゴールするような工夫を凝らしている学校があると聞きますが、なんとも妙な平等意識です。

「あの子は走るのは遅いけど絵を描くのがとてもうまい」、「僕は走るのは速いけど勉強は苦手」というように、子供たちが、自分自身やクラスメートの能力や適性について知り、認め合う絶好の機会が運動会ではないでしょうか。同様に、頭の回転にも遅速があるはずですから、長所も短所も含め他者を認識することが、将来、人間関係を築く上での大きなファクターになると思うのです。

さて、上の娘の運動会では、長距離走で、疲弊《ひへい》した女の子が、みんなから大きく離されて走っていました。するとどうでしょう。観客席にいた男性数人が彼女に走り寄り、ゴールまで伴走したではありませんか。

いつのオリンピックだったか、陸上競技のランナーが故障のため、トラックを苦痛に耐えながら走っていると、観客席から突然、ランナーの父親が飛び出してきて、伴走を始めたことがありました。その記憶を思い起こさせるような光景が、目の前で繰り広げられたのです。

女の子に伴走したのはその子の父親ではありませんでした。後から聞いた話ですが、それは、クラスメートのお父さんだったそうです。

親が「なぜ？　何？」君になる

私は娘に「勉強しなさい」と努めて言わないようにしています。机の前に座って勉強しなくとも、日常生活の中に勉強の機会はたくさん転がっていると思うからです。

まだ下の娘が一歳の頃、私は窓の外に木が揺れているのを指さして、「木が揺れているね、なんでだろう？」とよく問いかけていました。相手は赤ちゃんですから「バブー」と応答があればいいほうです。

その娘が二、三歳になりおしゃべりを始めるようになると、クルマの窓の外で木の枝が揺れているのを見て、「あっ、かぜ、かぜ」と言うようになりました。「風が吹いているから木の枝が揺れている」と言わんとしているようでした。

チャイルドシートに寝かされているような赤ちゃんでも、いつも問いかけをしていると、頭を使って考えるようになるのです。一般に「なぜ？　どうして？」と親を質問攻めにするのは子供の専売特許のように言われていますが、私は親こそが子供に対して「なぜ？何？」君になるべきと考えています。

夕方、散歩をしていて、子供が南東の空に大きく光る木星を指し、「木星がずっとついてくる」と言ったときは、「そうだね」で話を終わらせず、「でも、マンションやポストはついてこないね。なぜだろう？」と一緒に考えながら歩いてみるのもいいものです。

「リンゴは地面に落ちてくるけれど、あれ、月は地面に落ちてこないね。なぜだろう？」という私の問いかけに、意外にも本質的なおもしろいことを言ったのは下の娘です。「月も落ちてこないけど、お父さん、火星だって地面に落ちてこないじゃない」と逆に問い詰められ、答えに窮《きゅう》してしまいました。

下の娘が勉強に興味がないのは既に述べたとおりです。小学校の面談で先生から「算数と国語の習熟状況がもうひとつのようですが……」とご指摘を受け、家庭でのフォローについて尋ねられると、家内はうつむいたまま答えに窮したそうです。

そのような子供ですが、音楽、体育、図工は、まあまあだといいます。体育は足が速いのでリレーの選手にもなりましたし、図工は積極的に取り組んでいる様子で、先生から作品を褒めていただくこともありました。どうも、彼女は、論理的思考を司《つかさど》る左脳よりも、創造性やひらめきを司る右脳が発達しているのかもしれません。

ロールケーキを二人で平等に切り分けるには？

「星はなぜピカピカ光っているの？　ちょっと調べてくれないか」。「なんで鉄のかたまりの飛行機が空を飛べるの？」そう言うと子供は一生懸命に調べます。けれども「理科の教科書を勉強しなさい」と言ったらまずやらないでしょう。

娘が少し大きくなってからは、クイズ感覚でいろいろな質問をするようになりました。うちで好評だったものをひとつ紹介しましょう。

質問――目の前にロールケーキがあります。二人で食べるとして、できるだけ平等に切り分けるにはどうしたらいいですか？

答えは、切り分ける人を一人決め、その人が最後に残ったケーキを取るというルールにすれば良いのです。二人のうち、先にケーキを取る一人は目を皿のようにしてケーキの大きさを比べるでしょうから、切り分ける人はできるだけ均等に切ろうとするはずです。これは著名なクイズの本にも紹介されている問題ですが、現代アメリカの哲学者ジョン・ロールズの

Justice（正義）に関する論文に出てくる事例です。クイズ感覚で、そのような法哲学の理論にも触れさせることができるのです。

質問は他にもいろいろ考えられます。みなさんの参考までに、すぐに使えるネタを四つ紹介しましょう。今夜の団欒《だんらん》の際にでもどうぞお試し下さい。

1.「少女」というのに「少男」と言わないのはどうして？

2.海にいるのは、あれは人魚ではないのです。海にいるのは、あれは、□ばかり。（中原中也「北の海」）

□に入る言葉は何でしょう？　ちなみに上の娘は「水」、下の娘は「魚」と答えました。

3.山のあなたの空遠く「□」住むと人のいふ。（カール・ブッセ　上田敏訳「山のあなた」）

□に入る言葉は何でしょう？　上の娘は「夢」、下の娘は「鳥」と答えました。

4.あるJRの駅で、電車が止まると尼さんが全速力で真っ先にホームに降りました。ここは何という駅でしょう。

１．は、先日娘から質問された問題です。皆さんも私と一緒に考えてみてください。
２．の答えは波、３．は、幸（さいわい）、４．は尼崎（あまがさき）、です。
ちなみに4は、私が小学生の時、学年誌の付録に載っていた問題です。

4. 価値観、世界観を広げる話題を選ぶ

子供を導くため、親も勉強しよう

子供と一緒に机に座って教科書を熟読したり、練習問題を解いたりするだけが勉強ではないことは、ここまでの話でおわかりいただけたと思います。日常起きる、ごく普通の出来事や会話の中には、多くの学ぶべき素材がころがっています。実は特別な道具もいらなければ、お金もかからないのです。

ただ、ひとつ必要なことといったら、それは、子どもを導く親の側が学ぶことではないか

と、私は考えています。親自らが教養を磨き見識を広げ、子供の価値観や世界観を広げるために何をすべきか、考えてみる必要はあると思うのです。日常の子供との会話にも、できればそのような話題を意識的に取り入れたいものです。

私がこれまでに娘とやりとりした題材を参考までに少しご紹介しておきます。以下の五つの小話がそれですが、実は、それぞれの話の背景には、高度な考え方や概念が潜んでいるのです。それは、わかりやすくいうならば、「二つの事柄をどう比較するか」、「揉《も》めごとはどう解決すべきか」、「生命あるものは、全て価値があるか」、「社会に定着するルールとは何か」、「人は道徳的であるべきか」ということです。

最初の「二つの事柄をどう比較するか」は、専門的には「利益衡量《こうりょう》」という概念ですが、それでは一つひとつ見てまいりましょう。

ヤマアラシのジレンマ

あるところにヤマアラシが二匹いました。その日はとても寒かったので、二匹は温まろうと思い、体を寄せ合いました。ところが、ヤマアラシの体の表面はするどい針で覆われています。抱き合うとお互いを傷つけてしまい、痛くて仕方がありません。二匹は思わず離れました。しかし、離れるとどうにも寒いのです。さて、ヤマアラシはどう行動したらいいでしょうか。

なんとも稚拙な話ですが、その裏には非常に大切な思考力が潜んでいます。法的な思考力のひとつである〝利益衡量〟という概念が、この「ヤマアラシのジレンマ」では問われているのです。

どういうことかといいますと、「寒さ」と「痛さ」という二つの要因を天秤《てんびん》にかけたとき、どちらがヤマアラシにとって不利益が大きいかが、ヤマアラシの最善の行動を決める指針になるということです。

もし、「痛み」よりも「寒さ」のほうが辛ければ、二匹のヤマアラシは抱き合っていると思います。逆に、「痛み」のほうが「寒さ」を我慢するよりもきつければ、二匹は離れると思います。ヤマアラシは、「痛み」と「寒さ」を不等式で比較することで行動するのではないか、と思うのです。

「それではヤマアラシはどうしたらいいか？」と子供に問いかけたときに、利益衡量による答えが子供から出てくるかどうかです。頭の回転の速い子供なら、「じゃあ、痛さも寒さも同じくらいだったらどうなるの？」という質問をしてくるかもしれません。そのような場合は、親子で一緒に考えてみると良いでしょう。私は、「痛み」「寒さ」も同じときには、さほど寒くなければ、「痛み」を重視するのではないかと思います。では、ひどく寒い場合はどうするのでしょう？　これはもう、ヤマアラシのみぞ知る、です。

物事が丸く収まる方法とは

落語には大岡裁きの噺《はなし》がいくつかあります。あまりに有名な「三方一両損」の話もそのひとつです。この程度の話であれば子供は十分に理解できますから、一度話してみると良いと思います。話の概要を紹介しましょう。

左官の金太郎が財布を拾うと、中に印形《いんぎょう》と書き付けと三両が入っていました。書き付けから落とし主が大工の熊五郎とわかり届けると、「三両は拾ったお前のもんだ。くれてやるからとっとと帰ぇれ」と熊五郎は金を受け取りません。金太郎も「他人の落とした金が貰《もら》えるか」と言って、とうとう二人は喧嘩になってしまいました。

二人は南町奉行所に訴えました。

大岡越前は二人の正直ぶりを褒め、「では、この三両は私が預かり、一両を足して、両名に褒美として金二両ずつ下げつかわす。これで、三方それぞれ一両損」と裁定しました。

すなわち、金太郎はそのまま拾っておけば三両を得た、熊五郎もそのまま受け取れば三両を得た、大岡越前もそのまま預かれば三両を得た。ところが裁きにより、金太郎は二両を手にし、熊五郎も二両を手にし、越前は自分の一両を出した。三人とも一両ずつ損をしているので「三方一両損」という訳です。

そこで子供に「これは、本当に三方一両損かな？」と問いかけてみましょう。子供は真剣な顔をして考え始めるのではないでしょうか。

熊五郎はお金を落さなければ三両を持っていたところ、裁きによって二両に減ってしまい、確かに一両損です。大岡越前も、予想外に一両を出費することになり、一両損といえるでしょう。しかし、金太郎はどうでしょう。彼はもともとはゼロだったところ、二両の儲《もう》けで、実は二両得なのです。このように考えるとこの話は、「三方一両損」ではないのです。

これは、論理力を高めるにはちょうどいい素材です。さらに「三方一両損」という言葉の整合性はともかく、ためになる話です。大岡越前は、金太郎と熊五郎という江戸っ子気質《かたぎ》の正直者二人を納得させるために、〝三人とも等しく損をすれば〟物事に丸く収まる、あるいは、相手への善意によって対立する二人に〝平等の原理〟を説こうとしており、争いにおける妥当な解決法を学ぶのに示唆《しさ》があります。このあたりが大岡裁きといわれる所以《ゆえん》なのでしょう。

首輪のない犬の価値はなぜ、低いの?

夕食時に家族で観るテレビのニュースにも、世界観を広げる話はいくつもあります。ある日のニュースでは、散歩中の犬が草むらにまぎれていた餌を食べて中毒死した事件を報道していました。警察のその後の調べで、その餌には薬物が付着していたことがわかりました。警察は器物損壊の容疑で捜査している、とそのニュースは報じていました。

このニュースに、「ひどいことをする人がいるね」と娘たちは憤慨《ふんがい》した様子でした。私はそれに対し、「でも、この犬がもし飼い主のいない野良犬だったら、器物損壊罪には問われず、せいぜい動物愛護法違反だから、罪は軽くなってしまうね」と教えてあげました。

すると娘たちは「飼い犬も野良犬も生きている犬であることには変わりがないのに、どうして区別するの?」と、今度は怒りの矛先《ほこさき》が私に向かってきました。そして下の娘が「昨日まで野良犬だった犬を、誰かが拾って今日、首輪を着けたらどうなるの?」と私に詰め寄ってきました。言われてみればその通りで、同じ犬の価値が一日で大きく変わるというのも妙ではあります。

私は、所有者のいる犬は刑法上は「物」であり、所有者のいない犬は物ですらないことを説明しました。すると「お父さん、待ってよ。犬がかわいそうだよ！」と娘たちを納得させるどころか、ますますヒートアップさせる結果となってしまいました。

自殺は許されるか

ある日のニュースでは、未曾有《みぞう》の不況により、突然勤務先を解雇され自殺を考える人が増えていることを、報じていました。私は娘たちに、一般論として、「自殺はなぜいけないか」、を話しておくにはちょうど良い機会だと思いました。

「人それぞれに理由はあると思うけれど、自殺することは許されることかな？」

「ダメだと思う」

「じゃあ、もし世の中に〝人が死んでもいい〟というルールがあったとしたら、どうなるだろう？」

「死ぬ人が増えるかもしれない」

「そうだね、社会でそのようなルールが認められてしまったら、この町の人もいなくなってしまうかもしれない」

「うん」

「じゃあ、そのようなルールは世の中のために必要かな？」

「いらないと思う」

「そうだね、人がいなくなってしまうことを勧めるようなルールは必要が無いよね。じゃあ、そのルールがいっていることはダメだね」

このように話を進めると、情緒的な感じ方にとどまることなく、社会のルールとしてなぜ自殺が望ましくないか、を娘たちは納得したようでした。

実は、ドイツの哲学者カントも同様なことをいっているのです。人がいなくなったら社会は成り立たない、社会が成り立たなくなることが前提となるようなルールは成立し得ない。すなわち普遍的に可能とならない（永遠に通用することの無い）ルールは妥当ではない、というものです。

理論としてはかなり難しい内容ですが、子供のうちから少しぐらい負荷をかけるのはいいことだと私は思っています。大きなものの考え方を教えることは子供の世界観を広げます。

世界観を広げるのに大変適した問題を、もうひとつ紹介しておきましょう。賛否両論ありましょうが、喫煙がなぜいけないか、という問題です。

イギリスの哲学者、Ｊ・Ｓ・ミルは、その著『自由論』で、〝自由が外部から干渉を受ける唯一の例外は、その行使が他人に危害をもたらす場合のみである〟と「他害禁止原理」を述べています。この理論を援用すると、喫煙がいけない理由を説明することはカンタンです。受動喫煙によるガンの発症率が、もし高いのならば、喫煙者は周りにいる煙草を吸わない人たちを害していることになるからです。

実際には大学で学ぶ内容なのでしょうが、このぐらいの単純な話ならば、小学生にも十分わかると思います。

「山嵐」と「赤シャツ」の行為はどちらが正しいか

子供が十分に読みこなせる小説の中にも、対話可能な素材がいくつもあります。たとえば「坊っちゃん」です。「坊っちゃん」は、夏目漱石の作品の中でも極めて人気のある小説です。四国の旧制中学校に赴任した数学教師の坊っちゃんが、校長の狸《たぬき》、教頭の赤シャツ、英語教師のうらなり、数学教師の山嵐らと繰り広げる破天荒な姿がいきいきと描かれていま す。この「坊っちゃん」の話の中には、法と倫理・道徳に関する問題が提起されている箇所があります（長尾龍一著『文学の中の法』にも取り上げられています）。

問題の話はこうです。

うらなりには、マドンナという美しい婚約者がいましたが、赤シャツがマドンナへの横恋《よこれん》慕《ぼ》から、気の弱いうらなりを言いくるめて宮崎に転勤させてしまいます。そうこうするうちにマドンナと交際を始めた赤シャツは、しかしながら毎晩、芸者遊びなどをしています。

それを見た正義感の強い山嵐は「けしからん、許せない」とばかり、赤シャツを殴ってしまいます。山嵐の行為について「どう思う?」と娘に尋ねたところ、「それでいいじゃない」と答えました。

皆さんはどう思われますか? 娘が言ったように、果たして「それでいいじゃない」で済まされるでしょうか。倫理・道徳に反することを相手がしたら殴ってもいいのでしょうか。

これは、あくまでも私の推測ですが、夏目漱石は、「合法的ならば道徳に反してもいい」という考え方と、「合法的でも道徳に反することはいけない」という考え方のどちらが正しいかを、物語の中で読者に問いかけているのではないかと思うのです。

なかなか難しい問題ですが、物語を正確に読み取ると、私は赤シャツに軍配が上がるかなと思いました。よくよく分析すると、赤シャツは、法に反することは何もしていないのです。法に反していないのに、倫理・道徳に反しているからといって殴られなくてはいけないのでしょうか。赤シャツがうらなりを転勤させたのは、母親が病気がちでお金がかかるだろうから、給料の高い専任教員として宮崎に転勤させたのです。また、たとえ教頭だからといって、芸者遊びをしたりお酒を飲んだりしてはいけないのでしょうか。

娘の答えのように感覚的に考えてしまうと、道徳・倫理に反することは全てダメ、というわが国の伝統的な発想と強く結び付いてしまいます。反道徳的なことが全て一律にダメなわけではない。このようなバランス感覚は、幼少のうちから身に付けさせたいと、私は考えています。

5. 子供との会話に必要なスキル

ガミガミ言わず、時間をとってじっくりと

最近わかってきたのですが、子供が言うことを聞かないとき、腹を立ててガミガミと怒っても効果はありません。「何やってるの！」「コラーッ！」と威圧感を与えたところで、なぜ

いけなかったのか子供は不思議と理解しておらず、効果が無いどころか、逆に親子の信頼関係にダメージを与えるように感じます。

では、どうしたら効果が得られるのでしょうか。たとえば別の日、別の場所で親子ともに落ち着いている状況で時間をとって話すのです。

我が家の場合は、たまにセッティングする「私が娘たちの面倒をみる担当日」に一緒に外出をし、そんなときにじっくりと彼女たちと向き合うようにしています。外出といってもレパートリーの少ない父親ですから、近くの街の本屋さんや公園に付き合わせる程度ですが。その帰り道にどこかのお店（主にマクドナルドやケンタッキーですが）に入って、軽い昼食をとりながら娘とじっくり話をします。

「この一週間、お父さんはあなた方を見ていて、ちょっぴり感じるところがあるよ。どうしてもお父さんには言わなければならないことがある」ときちんと話をするのです。最近の親御さんは忙しいのか、時間をとってきちんと子供たちと話をする、ということがあまりできていないような気がしてなりません。手短に怒鳴って終わりになりがちではないでしょうか。

大切なことを確実に伝えたいならば、お互いが平穏な気持ちのときに限る、と私は実感しています。そんな状況で話をすると両者の関係が民主的になります。一度や二度では難しくとも、頭の回転のいい子もそうでない子も、親の心意をとてもよく理解します。

家庭に民主主義の風を吹き込む

逆に激情にかられて子供に対応すると、「親が働いているから、お前たちは生活できるんだよ。学校に行けるんだよ。だから親の言うことに黙って従いなさい！」となりがちです。子供が従属的になると、話は民主的ではなくなります。場合によっては有無を言わせぬ命令も必要だとは感じますが、家庭の中に民主主義の精神を吹き込むことが、大きなコンセプトとして大事です。民主主義が根底にあれば、子供は親を尊重します。

可能であれば、親の仕事場に子供を連れていき、その仕事ぶりを見せることもいいでしょう。

私は仕事柄、家にいる日は常に机に向かっています。玄関の横が私の仕事部屋で、学校から帰ってきた娘は窓ガラスを必ずコンコンと叩きます。狭い部屋で山積みとなった本に埋もれながらほとんど身動きもできない状態で、今日もきっとお父さんはそこで研究をしていると知っているからです。

先日、娘に「どうしてお父さんはいつも勉強ばかりしているの？　少しは遊んだらいいのに」と言われました。私はこう反論しました。「こんなにおもしろいのに、なぜ勉強しないの？」。娘は答えに窮してしまいました。

このように、言葉ではなく行動で示すこともひとつの方法だと思います。

以前、娘二人が夜なかなか寝ようとしないで、いつまでもダラダラしているので、私は自分の親に、私が子供の頃、いつも何時に寝ていたか、訊いたことがあります。すると「毎日八時過ぎには寝ていた」と教えてくれました。「これはまた随分と早く寝る、聞き分けのいい子供だったものだ」と思いきや、早く寝ていた理由は「八時過ぎに家全体を消灯してしまっていたからだ」と言われました。これもまた行動による教え方のひとつといえるでしょう。うちではまだ試していませんが……。

「そんな話、聞いてないよ」には「そんな話、してないよ」で対抗

下の娘は口が達者で、普通ではおよびもつかないようなおもしろいことをよく言います。真面目に受け答えしていては、こちらのほうがやり込められてしまうので、少し変化球で応戦するようにしています。

少し前もこんなことがありました。会話の中で私が何か言うと、「そんな話、聞いてないよ」と返してくるのです。お笑い芸人のダチョウ倶楽部のネタで、一時期大いにはやっていました。どこで覚えてくるのか、子供はそういったお笑いのネタを、会話の中でよく使います。

私は娘の「そんな話、聞いてないよ」に対して、「だってそんな話、してないよ」で対抗することにしました。相手にこう出られては、子どもはもはや屁理屈が出てきません。

また、麻生太郎氏が総理大臣になってまだ間もない頃だったと思いますが、麻生氏は漫画好きで週に何十冊も読んでいることが報道されていました。しばらくして、娘が漫画ばかり読んでいるので、当時、麻生さんのことをある政治家が批評した言葉を借りて、「そんなに漫画ばかり読んでると、総理大臣になっちゃうよ！」と私は言いました。すると、なんと娘は「総理大臣になりたいから漫画読んでるんだよ！」と切り返してきました。この想定外の切り返しには、私も驚きました。

お正月には、これまたおかしなことを言い始めました。本能的に行動する一の娘は、お年玉を手にするとすぐにつまらないものに使ってしまいそうなので、母親が預かることにしたのです。すると、「お金を預けるのだから、銀行と同じように何か有利なことを考えてよ」

と言います。よくそのようなことを思いつくものだと、変に感心をしてしまいました。

夏になりコオロギを一〇匹ほど飼い始めたときも、妙なことを言いました。コオロギが全然鳴かないので、娘は初めプリプリ怒っていました。ところが、コオロギが全てメスばかりなので鳴かないということがわかった途端、「じゃあ、オスを一匹入れればたくさん子供が生まれる」と言って、大喜びしたのです。

「お前は大物なのか、小物なのかさっぱりわからない。でも頑張れ！」と私は下の娘を激励しています。

「ソースを頭にかければいいのかな」

これまた下の娘の話ですが、食事のときに私が台所にいると、「水！」「お茶！」「ソース！」と遠くから叫んでいます。そのようなとき「そんなこと言うんじゃない！」と怒る代わりに、私は水をコップに入れて持ってくると、「水を頭にかければいいのかな？」と言って、まさにかけんばかりにコップを頭の上で傾けます。ソースにしても同様に、「ソースを頭にかければいいのかな」とやります。

そうすると娘はびっくりして、「喉《のど》が渇いたので、お水をください」「コロッケにソースをかけたいので、ソースを取ってください」と言うようになります。理由があり、そこから発言が導かれる、というしっかりとした話し方をするようになるのです。何気無い日常の会話ですが、その場に応じた少しの工夫で、子供にわからせることはできると思うのです。

また数年前の話ですが、下の娘がかんしゃくを起こして振り回したリコーダーが、買ったばかりの液晶テレビの画面に当たり、テレビを壊してしまうという事件が起きました。スイッチを入れると、液晶の画面がテストパターンのような虹色になってしまい、画像が全く映りません。

そのとき妻は、私が子供を殴るのではないかと思ったようです。確かに、本心は殴りたいぐらい怒りが込み上げていましたが、私は子供に手を上げることはしないようにしています。代わりに私は娘に言いました。「お父さんは心の中ではあなたのことを殴っているかもしれない。でも、お父さんは、現実には殴らない。その気持ちをよく考えて、これからはこういうことはしないように」。わかったのかどうなのか、ともかく娘は以来、あまり、物に当たることはしなくなりました。後日談ではありますが、テレビを修理に出したら一〇万円もかかり、泣きたくなりました。

大人がぶつける激情が、子供を変えることも確かにあるでしょう。しかし、恐怖や反発心が先に立ち、肝心なことを伝えられないというデメリットのあることを、親はあらかじめ理解すべきです。子育ての基本はスパルタでもないし、子供におもねるものでもありません。心腹違わぬ率直な態度で、子供の自立に向かう姿勢を尊重するのです。今はまだ、私も苦労し通しの父親ではありますが、その精神を忘れず日々を送っております。

勉強のできる子供になってほしいからと、毎晩、睡眠学習のごとく、眠るわが子の耳元で「弁護士、東大」と繰り返しささやいていた母親のケースは既にご紹介しましたが、お気持ちはわかりますが、そういうことをしてはいけません。子供には好きなことをやらせなければ、伸びるものも伸びません。

私はむやみに「勉強しなさい」と子供に言うことはあまりありません。ただ、勉強を一生懸命やり、人と違う努力をすると、大人になってからどういうことができるか、ということは教えることがあります。

書店で偶然に、私の顔写真付きの本を子供が見つけると、「お父さんは一日十何時間も勉強していたけれど、この本を書いていたのか」という具合に薄々わかってくれるのです。そして努力の大切さが、自然と子供に伝わっていくことを願っています。

「今日こんなことがあったんだけど、どう思う？」

「今日こんなことがあったんだけど、どう思う？」と私は週に二つか三つ、子供たちに尋ねるようにしています。

先日は、ちょうど私が乗り合わせたバスの中で、小さなトラブルがあったので、その日の夕食の席で娘たちに話して聞かせました。

バスの中では大きな買い物袋を持ったおばあさんが、二人がけの席の通路側にその袋をどっさり置いていました。途中から乗ってきた別のおばあさんが、「ちょっとこの荷物をどけて下さいます？」と言うと、言われたおばあさんは逆切れしたように「私、もう次で降りますから」と言い、どけようとしません。すると、後から乗ってきたおばあさんは、「こんなにたくさん、荷物をバスに乗せて……」と不機嫌になり、おばあさん同士の喧嘩のようになってしまったのです。

「この話についてどう思う？」と娘たちに尋ねると、関心の無い話題だったのか、大した答えは返ってきませんでした。それはそれで一向に構わないのです。

私は「お父さんは、この出来事についてこう思う」と続けました。

「この出来事からお父さんは二つのことを感じたんだよ。ひとつは日本は高齢化が進んでいて、年配者同士の確執《かくしつ》や争いが起きやすい世の中になっているということ。もうひとつは、バスの座席は人が座るためにあるのだから、ひざに乗せることのできない、持ちきれないほどの買い物はすべきでないということ。もし、買い物袋がたくさんあるのなら床に置いたり、タクシーを利用するとか、他の手段を考えることも必要だよね。『ちょっとどけて下さいます？』という言い方もまずかったのではないかな。もう少し言葉を工夫すれば、お互いに気持ちのいい席の譲り合いもあったとお父さんは思うよ」。

このようなやりとりを、私は意識的に子供にするようにしています。今日バスに乗ったら、おばあさん二人が喧嘩を始めて大変だった、で話を終わらせるのではありません。今日あった出来事から、何を思うか子供に考えさせて、自分なりの答えを見つけさせることが大切なのです。答えがうまく出てこなくても、怒ったり、親の考えを押し付けたりしてはいけません。子供が自然に自分の頭を使うことが大切なのです。

6. 子供の宿題は親子交流の場

「ウナギと梅ぼし」の食べ合わせ

読者の皆さんの中には、毎日忙しくて子供と関わるのは難しいという方も多いと思います。もし、そうであれば、夏休みという期間を利用した親子の関わりを考えてみることをお勧めします。

夏休みといえば自由研究です。我が家では、七月の頭くらいから「今年の夏はどんな研究をしようか?」と話をすることがあります。「仲の良い親子ですね」と思われるかもしれませんが、夏休みの自由研究は家族旅行などと同じように、家族の一大イベントと私は位置づけています。娘のほうもわかったもので、「お父さんと一緒に考えるとおもしろい!」とこの機会を楽しみにしてくれています。それほど楽しみにされると、「中途半端ではいかん」と私のほうも無い頭を絞って、その年の研究テーマをあれこれと考えるのでした。娘が小学校三年生のときの自由研究をご紹介しましょう。

発端はその年の八月初旬、妻と娘の三人が、私たちの住む区の姉妹都市である福島県南《みなみ》相馬《そうま》市に出かけたことから始まります。ここ南相馬では、二泊三日のスケジュールで、地元の皆さんと農業体験や魚のつかみ取り、生き物観察、バーベキュー、里山登山などの自然体験を通じた交流を楽しみます。そして夜には、川魚の天ぷら、豊富な野菜と魚介類の和《あ》え物をはじめ、地場産物のご馳走《ちそう》をたらふくいただきます。その会食の場で交わした地元の方たちとの会話が、小学校三年生の娘の心に引っかかったのです。それは市の職員の方の「かき氷とてんぷらは食べ合わせが悪いべなぁ」という言葉です。

娘にとって、自分たちの住んでいる都会の生活では聞いたことの無い内容でした。母親にそれについて尋ねると、他にも「ウナギと梅干し」など、昔から日本には「食べ合わせ」と言って、組み合わせの悪い食べ物があり、お腹をこわしたり中毒になるということを話してくれました。娘は新たな発見に驚いたようです。

「親子丼」を食べたら中毒になる?

家に帰ってきた娘は早速、ウナギ好きな私に「梅干しと一緒に食べてはダメだよ」と言ってきました。私が「そんなの迷信。なんならお父さんが実験台になって、食べ合わせのウソ、ホントを確かめてみよう」と提案し、娘の夏休みの自由研究のテーマが決まったのです。

娘には、この研究は単なる好奇心・興味だけではなく〝同じ学校の友達の健康にも関わる〟という点でとても意味があり、研究自体が人間の健康という幸福につながる問題をはらんでおり、意義あることのように映ったようです。

まず、私は食べ合わせについて、娘にとっかかりとして「貝原益軒《かいばらえきけん》」について図書館で調べることを提案しました。調べてみてわかったことは、貝原益軒の書いた本によれば、九〇種類もの食べ合わせの悪い例があるということでした。たとえば「豚肉に生姜《しょうが》」「牛肉にニラ」「鶏肉と卵に生ねぎ」「カニに柿」「銀杏《ぎんなん》とウナギ」などが挙げられていました。

しかし、思えばおかしな組み合わせばかりで、「豚肉の生姜焼きは？」「牛肉とニラの炒め物は？」「親子丼みたいな鶏肉と卵は？」など、娘の研究は更なる疑問に発展していったのです。もしこれらが本当であれば、豚肉の生姜焼き定食や親子丼を食べた人は、中毒や腹痛だらけになるはずです。

そこで私たちは、他の文献も参照しながら現在も言われる食べ合わせと、貝原益軒の食べ合わせを突き合わせてみました。すると、現在にも通じる「良くない食べ合わせ」は「カニと柿」というものだけでした。しかし、自由研究自体が夏であり、柿が手に入りません。また、この組み合わせは「さるかに合戦」から来ている非科学的なものらしいので除外することにし、行う実験は一番オーソドックスな「ウナギと梅干し」と「天ぷらとかき氷」に決めました。

私自身が実験台となり、「ウナギ一枚と梅干し一個」、「天ぷらとかき氷」の組み合わせを、異なる日に朝昼晩と三回食べてみる、という実験を行うことにしたのです。

サンプル数が少なく、実験期間も短かったために、その点においては不足もありますが、結果として娘が得た結論は、私の体に何の異変も無かったことから「やはり迷信である」というものでした。

また娘は、江戸時代は保冷技術が未熟だったために、生ものなどは腐りやすく、それ単品でもお腹を壊しやすかったのだろう、と考察しました。さらにそこから一歩進んで、油分が多いウナギ、てんぷら、中毒を起こしやすいカニ、体を冷やし水分が多いかき氷などは、そのまま単品でも十分にお腹を壊しやすいことから、言われるようになったのではと考えました。つまり「ウナギと梅干し」でいえば、梅干しは単なる巻き添えだったのでは？ という結論を出したのです。

ジェンナーの言葉に動かされて

食べ合わせについて娘から質問を受けたときに、私自身も強い関心を持ちました。そこで、これを自由研究のテーマにしようと提案したところ、万が一を考える家族からは、危険であると反対を受けました。

確かに自分が実験台とはいえ、よくいわれるような人体実験につながるようで、やはり通念上も好ましくないのではないか、と私自身も思いました。しかし、決して正体不明の薬を飲むわけでもなく、普段の生活で食べなれているものであったために、大きな危険性は無いと判断し、家族の合意を得た上で実験を始めたのです。

種痘《しゆとう》の発明で有名なエドワード・ジェンナーは、天然痘《てんねんとう》予防のため自らの八歳の息子ジェームズを実験台として研究をしました。母親は反対しましたが、彼は「許しておくれ。お前という一人の母親の忍耐で、どれだけたくさんの子供を持つ母親を泣かさずに済むことか」と、彼女を説得したといいます。この言葉は、たとえ危険であろうとも人類を病気から解放するという理念・目的が存在すれば、その実験は正当化されるということを示しています。

もちろん、今回の娘の自由研究のテーマはここまで大それたものではないのですが、このような意味からも大変意義があったのではないかと思うのです。

クラスのみんな、ありがとう！

このように時間をかけて同じテーマに取り組み、一緒に考えることができる自由研究は子供との距離を縮めることができるとても良い機会です。普段会話の少ない親子であっても、自然と共通の会話が増えていきます。このような好機を逃す手はないでしょう。

また、自由研究を通じて、子供が通う学校の雰囲気や姿勢についても知ることができます。クラスでは自由研究の発表が終わってから、その研究内容について批評の文章を無記名で書いたそうです。娘が持ち帰ったこの批評文を読んでみると、クラス全員が「とても面白かった」、「すごーく、よくわかったよ」、「よくがんばったね」、「よくこんなに調べたね」、「お父さんにいじょうがなくてよかったね」など褒め言葉や労《ねぎら》いの言葉が綴られていました。無記名ですから、「本を写したの？」や「お父さんから教わったの？」などネガティブな意見が混じっていても不思議ではないと思います。

私はそこからこの学校の教育観をも感じることができました。それは、人の悪い側面ではなく、人を信じ、いい面を見るという理念です。そういう人間愛を子供たちは教わっている、ということも自由研究に関わってみてわかり、嬉しい発見でした。

就寝前の赤ペン父さん

夕食に間に合うように帰宅するのは、忙しい勤め人にとって至難の業《わざ》だと思います。子供がかろうじて起きている時間に帰宅するのが、やっとという感じではないでしょうか。私は仕事柄、自宅で研究・執筆をしている時間が長いわけですが、それでも忙しいときには子供と満足に話ができないことがあります。

そこで何年か前から、上の娘については、毎晩、寝る前にやり終えた宿題をダイニングテーブルの上に置いておくように言っています。私はその日の仕事が一段落する夜中の二時頃に、その宿題をコピーし、添削《てんさく》することを日課としています。そして、添削が終わった用紙をダイニングテーブルの上に戻し、床に就くのです。娘は朝少し早く起きて、私の添削を見ながら間違った問題をもう一度解き直し、学校へ出かけていきます。

娘の学校ではほぼ毎日、算数プリントが宿題として渡されます。ある日のプリントは、カッコを用いた計算でした（一七八ページ）。娘はカッコの中を先に計算するというルールをよく理解していないようで、頭から順に計算をしていました。私は、カッコのある式ではカッコの中を先に計算するというやり方を、別の紙に書いて教えました（一七九～一八〇ページ）。

算数家庭学習

1．次の計算をしましょう。

① 100+(90−30)

② 148−(150−80)

③ (25−18)×50

④ 310−(190+75)

⑤ 3×(16+24)

⑥ (97−65)÷8

⑦ 8+3×4

⑧ 4+6÷2

⑨ 6×8−4×4

⑩ 18÷2−6÷3

⑪ 36÷4−5+8×2

⑫ 15−5×2+3

⑬ 42×3−5×11

⑭ 100÷4−7×3

⑮ 12×5−84÷7

2．200枚の画用紙を男子には92枚、女子には68枚配りました。画用紙は何枚残っていますか。一つの式で表し答えを求めましょう。

3．1本60円のえんぴつ半ダースと、1さつ200円のノートを2さつ買い、1000円さつを出しました。おつりはいくらですか。一つの式で表し答えを求めましょう。

㊟　お父さんの直しを必ず見ること！！

10/16

（　）の中を先に計算しなきゃダメ!!!

④　310－（190+75）

ここを先にプラスする

＝310－265＝45

⑥　(97－65)÷8

ここを先にひく

＝32÷8＝4

⑫　15－5×2+3

↓

ここを先に計算

＝15－10+3

5

＝5+3＝8

⑮　$12\times5-84\div7$

$60 - 12$

$=48$

3　$1000-(60\times6+200\times2)$

カッコの中を先に計算

$=1000-(360+400)$

760

$=1000-760=240$円

> **問題**　たての長さが16cm、横の長さが14cmの長方形があります。
> 面積を変えないで、たての長さを8cmにすると、横の長さは何cmになりますか。
>
> 娘の解答　16×14＝224　224÷8＝28　　答え：28cm

ご覧のように、たくさんの問題を添削するわけではありません。何かの裏紙に、手書きで大きい文字でささっと書く程度です。しかし、私はこれでいいと思っています。子供の勉強を全て見てやろうとか、きれいにまとめてあげようとすると、毎日のことですから次第に負担となり、続かなくなってしまうからです。

「お父さんは私が寝ている間もお仕事をしていて忙しいのに、私の宿題は必ず見てくれる」娘がそのように思ってくれれば、私のメッセージが娘の心に少し届いた、といえるでしょうか。

娘と一緒に計算のトレーニング

先日、上のような問題が宿題に出ていました。週末であり私も時間にゆとりがあったので、娘と一緒に解くことにしました。

正解は28 cmですから、娘の解答は間違ってはいません。しかし、もっと楽に計算する方法があることを娘に教えてあげました。

お父さんの答え　16×14＝8×2×14　2×14＝28
答え28 cm

16×14は、分解すると8×2×14になります。
たての長さを8 cmにするわけですから、8×2×14の8がたての長さで残った2×14が横の長さとなるはずです。すなわち28 cmが答えとなります。

何も数を大きくして割る必要はないのです。数が大きいと計算が面倒ですし、間違いやすくなります。こういう発想は最初に誰かが教えてあげないと、なかなか気が付くものではありません。娘も初め は煙《けむ》にまかれたようにポカンとしていましたが、その意味がわかると「すごいね！　これなら早く計算ができるね」と感動していました。

娘は、私が教えてみせた計算の楽な方法で宿題を解き、休みが明けた月曜日にクラスの先生に提出したそうです。帰宅した娘に、「先生は何か言っていた？」と尋ねると、先生は、「とてもいい答えですね」と言ったあと、でもね、16×14が２２４になることを計算するのも大事なのよ、と話してくれたそうです。

午後一時に、クルマはどこへ向かう

また時には、プリントではなく、考えをまとめるような宿題が出ることもあります。印象に残っているのは、クルマの台数についての宿題でした。小学校の校門前の道路をクルマが何台通過するか、午後一時に左からと右からの数を調べたのだそうです。

トラックは左から来るほうが多く、右からは少ないとか、タクシーは逆に右から左に行くのが多いとか、クルマの種類別に台数が書かれています。宿題は「ここから何がわかりますか」という内容でした。

娘は「お父さん、一緒に考えようよ」と言ってきて、私のところにやってきました。私は「午後の一時というと、普通はお昼ごはんを食べて、仕事を始める頃だよね。そう考えると、トラックが左から右に多いということは、右の方向に工事現場や、工事現場に行くための環状線のような大きな基幹道路があるんじゃないかな」と意見を述べました。

次は娘に考えてもらおうと思い、「タクシーは右から左に多いようだね。タクシーに乗るのはどういうときかな？」と質問してみました。娘は「タクシーは駅に行くときに乗るよ。あと、おじいさんやおばあさんだったら、病院に行くときも乗るかもしれないね」と答えました。「そうだね。病院や駅が左の方向にあるんじゃないかな」と私はアドバイスしました。

娘は翌日、私と話したような内容をクラスで先生とみんなの前で発表したようです。

その発表を聞いて、おそらく先生は、家の人と一緒に考えたのだろうと思ったことでしょう。しかし、きっと許してくれていると思います。なぜなら、勉強は正解することが目的ではなく、考えることが目的だからです。加えて、親子で一緒に考えることは、親が子供に一生懸命に関わっていることの表われであり、それは学力の向上よりも重視されるべきことだからです。

第4章

中学受験生を教えた経験から

――中学受験を戦うために親がやるべきこと――

1. 出題周期表を作り、戦略を立てる

本章では中学受験生を過去に教えた経験から、少し中学入試についてふれておきたいと思います。

それにしても、最近の中学入試の加熱ぶりは驚くばかりです。二〇〇九年の国公私立中学入試は、首都圏の一都三県の受験者数が過去最高を更新したそうですね。これは、小学六年生の五人に一人以上が受験している計算です。ゆとり教育による学力低下への不安や、不況だからこそ子供には学力を付けさせたいと考える傾向など、受験者数増加の理由はいくつか考えられますが、全体的にいえることは、子供の教育に熱心な親御さんが増えたということでしょうか。

中学受験をすることには賛否両論がありますが、私は子供にとって悪いことばかりではないと考えています。それというのも、人間の論理的思考能力は十一歳くらいまでに形成されるという心理学の学説（ピアジェの学説）があり、この年齢までに頭脳を鍛えておくことは、思考能力の土台を作る上で大いに役立つからです。

ただ、子供が受験という戦場で必死に戦っているのですから、親が指をくわえて黙って見ているというのはいかがなものでしょうか。親の側でできることは、できるだけ参加すべきです。たとえば、基本的な参考書を四科目分購入して、自分のお子さんが受験する中学校の出題内容を、可能な限り分析することから始めてみてはいかがでしょうか。

中学受験を経験された方でも、ご自身の受験時代というのはもう、すでに遠い昔のことでしょうから、最初は入試問題を見てもチンプンカンプンかもしれません。しかし、五年分、できれば十年分の入試問題を集めて、毎日じっと眺めていれば、何かが見えてくるはずです。その際、私は、オリジナルの出題周期表を作ることを皆さんにお勧めしたいと思います。

この出題周期表は、私が医学部受験生を十七年間指導していた際に活用していた出題予想表のことで、当時、受験生から「なぜ、こんなに予想が当たるのか」と不思議がられた方法なのです。

2. 志望校の先生の問題意識・好みを発見する

まず、大まかで結構ですから、出題されている問題が、どの分野に属しているかを確定させる必要があります。

たとえば、東京の女子御三家のひとつである女子学院中学（都内にある標準的な人気校を選びました）の二〇〇八年の算数問題を例にとると、一番が還元算で分数、小数の計算、二番の（1）がつるかめ算、（2）が整数の大小と消去算、（3）が平面図形と角度、（4）が平面図形と面積、三番が仕事算、四番が速さ・距離・時間、五番が論証（判断・推理）、六番が立体図形と面積・空間把握、七番が複雑な図形と面積という具合に類型化できることがわかります（皆さんも、実際に書店などで見て、確かめてみてください）。

中学受験指導のプロの目からは、もう少し細かく算術名などの名称にまで及んだ分析がなされるのでしょうが、私はそこまでは不要と考えています。そのような精緻《せいち》な分析より、複数年の分析を通じて、志望校の教員（出題者）が算数の根底にあるどのような考え方を重視し、出題の根底で何を尋ねてきているかを探る必要があると思います。

出題周期表

女子学院中―算数

分野	2004年	2005年	2006年	2007年	2008年
分数と小数の計算・概数	○	○	○	○	○
約数・倍数・素数	○	○	○	○	
集合・場合の数		○			
グラフとその変化	○		○	○	
歩合・百分率・割合		○	○	○	○
平面図形と立体図形		○	○	○	○
角度と長さの求め方	○	○	○	○	○
体積と容積	○		○	○	
複雑な図形と面積	○	○	○	○	○
平均算				○	
相当算	○			○	
過不足算・差集算	○				
つるかめ算				○	○
速さ・距離・時間	○	○	○	○	○
仕事算					○
倍数算	○				
年齢算		○			
還元算			○	○	○
消去算			○		○
論証・判断推理			○	○	○

それを探る意味で、試みに二〇〇七年の出題も瞥見《べっけん》してみますと、一番が七問構成で、（1）が還元算で分数、小数の計算、（2）が約数と分数、（3）が立体と容積、（4）が比と平均算、（5）が最小公倍数、（6）が平面図形と角度、（7）が立体と辺、面の位置関係という具合に類型化できます。そして、以下二番が比の応用、三番が論証・判断推理、四番が相当算、五番が速さ・距離・時間とつるかめ算、六番がグラフと変化、七番が複雑な図形と面積に分類できることがわかります。

二〇〇八年の出題と二〇〇七年の出題類型を比較し、さて、皆さんは何かにお気づきになりましたでしょうか。たったの二年間ですが、女子学院が好んで出題する範囲がわずかながら明らかになったと思いませんか。

一番には必ず分数、小数の計算（還元算）が出題されます。また、平面図形の角度や、立体図形の体積、さらに、速さ・距離・時間、論証・判断推理、複雑な図形と面積という分野がこの二年に限れば好んで出題されていることに気づくはずです。

3. 森を見て、木を見るな

大切なことは、全てを把握しようとしないことです。出題者になんらかの出題癖があるとはいえ、中学の教員は必ずしも大学院などで専門分野を探求していたとは限りません。ですから、出題に極端な偏りがあるとはいえず、出題の傾向が一定しないこともあるのです。とはいっても、各年の出題分野をコツコツと分析して、一覧表を作り上げることは重要です。女子学院中の場合も、五年間を精査すると、掲載のような表ができ上がります。

五年程度の分析であれば、慣れればこのような表を大体二十分程度で作り上げることも可能です。読者の皆さんもそんなに慌てることはありませんから、子供さんの学習と歩調を合わせながら、受験される学校の出題周期表を一つひとつじっくりと作り上げていければ良いのではないでしょうか。

その際に、個別・具体的な出題分野にあまり固執しすぎないことが肝要です。木を見すぎてはいけません。空の上から森を鳥瞰《ちょうかん》するように、大まかな傾向を把握すべきです。今回、取り上げた女子学院中でいえば、「論証・判断推理」、「複雑な図形と面積」に特徴があると推測されます。その推測をもとに、その分野の類題を他の私立中学の問題から抜粋し、「女子学院対策三〇問」なるオリジナルの対策問題集を作成するのです。そして、それを集中的に子供に解かせることができれば、親御さんの援護射撃は一〇〇点といえるでしょう。

このような枠組みは社会や理科についても同様です。同校の社会であれば二〇〇八年は、一番が主として日本国憲法の知識を問う政治、二番が、広島（安芸《あき》、備後《びんご》）に関わる日本の歴史、三番が日本の地形、山地に関する出題です。一方、二〇〇七年もやはり一番が主として日本国憲法の知識を問う政治、二番が東北地方に関わる日本の歴史、三番は日本の都道府県の地理的特徴に関する出題で、二年間を見ただけでは、一番は主として日本国憲法の知識を問う政治がらみの出題に集中し、二番は女子学院の行事（同校は、高校一年時の夏に「ひろしまの旅」、中学三年時の春に修学旅行で東北地方に行くと問題文に記されています）にからめた、ある地方と歴史の総合的考察が問われているのがわかります。そして、三番は、日本地理が縦割りで出題されるという点が共通因子として把握できると思います。

詳細な分析は控えますが、理科も十年分の問題をざっと眺めた私の直感では、植物と動物のしくみ、環境問題、水溶液の性質、運動とエネルギー、天体とその変化（予想ではこの分野が一押し）に、教員の問題意識が向いていることが見てとれます。

そのようなデータが収集できたら、算数同様、出る順に学習の厚みを持たせていけば効果的です。

以上のような考え方に従い、分析した出題周期表をもとに、まず受験年に出題が予想される分野から、集中的に取り組む必要性があります。出ない分野をやっている暇はありません。出る順にマスターしていくのが受験の鉄則です。時間に余裕があれば、併願校との関係で、その他の分野もマスターしていけば良いのです。

4. どんな中学にも何かしら必ず特色がある

読者の皆さんの中には、ご自身のお子さんが受験する中学には、出題傾向として顕著《けんちょ》な特色が無いとお感じになっている方もいるかもしれません。でも、そんなことはありません。私が分厚い「全国中学入試問題集」をじっくり分析した限りでは、どの学校にもそれなりの特色があると感じました。

個別具体的に各校の特色を全てご紹介はできませんが、算数に関して、大きなくくりでいうと、難関校ほど上位の概念を問う問題が多いといえます。たとえば、二〇〇八年の筑波大学付属中学校では、高等学校で習う等比数列、等差数列の融合問題や、数学的帰納法《きのうほう》に関わる問題が出題されています。同様に、東京学芸大学付属世田谷中学校でも、数列の基本的原理を問う出題がなされています。

暁星《ぎょうせい》中学校で出題されたシェルピンスキーのギャスケット（フラクタル図形）も最近の流行で、全国レベルで見ると神奈川の浅野中学校、神戸女学院中学校など複数の中学校で出題されています。

また、近年の傾向として、サイコロの展開図であるとか、集合であるとか、さらに論証であるとか、国家公務員試験と見間違えるような、いわゆる「判断推理」の分野の出題が多くなっているような気がします。したがって、お子さんが標準校レベルを狙う場合は、ミクロ的には過去問をつぶし、個別の傾向対策をまず行った上で、マクロ的には中学入試を支配しつつある上位の概念、「推理」（規則性の発見）、「判断」（的確な条件分析）、「立体把握」（空間認識能力）、「集合」（全体と部分の区別）、「論証」（論理的思考力）などの考え方を、問題演習を通じて理解に努めておく必要があると思われます。

5. 中学受験は親も育てる

さて、私がこのような作業を親御さんに勧めるのには理由があります。

ひとつは、中学受験は子供さん一人の孤独な作業、戦いではないからです。中学受験は、子供さんと一緒に泣き笑いしながら、ともに進んでいくべき共同作業と位置づけられるのです。

自分の息子（娘）はこんなに難しい問題に取り組んでいるのか、小さな頭でこんな壮大な思考を要する領域にチャレンジしているのかと、親御さん自身も体感すべきです。

確かに日々の仕事や家事はお忙しいことでしょう。しかし、その合間を縫って、家族が一体となって受験に取り組む姿勢があれば、子供は〝運命共同体〟として、頑張る気力を持続できるはずです。

もうひとつは、少なからず親御さん自身のためにもなるということです。算数でいえば、頭のトレーニング、発想法のトレーニングになりますし、知力のアップにつながります。社会や国語も常識や読解力向上として有益です。中学受験を通じ、親子の絆を築き、そして、自分自身の啓発も可能となるのですから、これはまさに一石二鳥といえるでしょう。

6. 国語の入試問題に潜む九つのパターン

中学入試の国語の問題には、大きな意味での特徴があります。多くの入試問題を分析したところ、実は問われている「上位概念」が限られており、それらの概念をパターン化、類型化できることに気が付きました。まず、以下に、そのパターンおよび特徴・ねらい、さらに出題された中学校名をまとめてみました。

①現代社会に対する批判論

今枝由郎《いまえだよしろう》「ブータンの時間」（二〇〇八年灘中）
池田晶子「知ることより考えること」（二〇〇七年筑波大付属中）
曽野綾子「人類の崩壊」（二〇〇七年灘中）

現代社会と自分の関係性について、受験生が日頃から考察しているか否かが問われている。一般に現代社会を批判的に見た文章が多く出題される。

②コミュニケーション論

金田一春彦「ホンモノの日本語を話していますか?」（二〇〇八年浅野中）
森山卓郎「表現を味わうための日本語文法」（二〇〇七年筑波大駒場中）
千葉康則「人生は『失敗』から始まる」（二〇〇七年普連土《ふれんど》学園中）

日本語に対する理解、関心を見ている。併せて、倫理観や道徳観を正しく身に付けていることが求められている。

③比較文化に関する問題

石川直樹「いま生きているという冒険」（二〇〇八年立教女学院中）
水野正夫「着るということ」（二〇〇七年浦和明の星女子中）
石毛直道「型の美学」（二〇〇七年ラ・サール中、二〇〇七年光塩女子学院中）

異文化への深い理解が求められている。さまざまな国の文化を比較し世界観を見直すという立場は、人文系の学術界の潮流でもある。

④環境問題

沼田真「自然保護という思想」（二〇〇八年栄光学園中）
多田富雄「自然と人工」（二〇〇七年灘中）
岩合光昭《いわごうみつあき》「生きもののおきて」（二〇〇七年跡見学園中）

環境問題に対する関心を見ている。また、国語でありながら自然科学の内容であることから、教科間の垣根を低くする試みともいえる。

⑤言語論に関する問題

村上慎一「なぜ国語を学ぶのか」（二〇〇七年青山学院中）

泉谷閑示《いずみやかんじ》「『普通がいい』という病」（二〇〇七年芝中）

論理を理解するには実は哲学的な思考が必要であり、それが求められている。

⑥子供論

朝永振一郎《ともながしんいちろう》「科学者の自由な楽園」（二〇〇七年東洋英和女学院中）

山本美芽《みめ》「りんごは赤じゃない」（二〇〇七年桐朋中）

中学入試に特有のテーマ。内容は、個性や想像力の重要性を説いた文章が多く、そうした能力を求めていると思われる。

⑦自然科学に関する文章

藤井旭《ふじいあきら》「星の旅」（二〇〇八年慶應義塾普通部）

佐倉統《さくらおさむ》・古田ゆかり「おはようからおやすみまでの科学」（二〇〇七年栄光学園中）

茂木健一郎「大人になっても忘れてはいけないこと」（二〇〇七年渋谷教育学園渋谷中）

自然科学の内容の文章ではあるが、子供への教訓やメッセージが込められている。

⑧筆者の子供時代について述べられた文章

高見順「わが胸の底のここには」（二〇〇八年開成中）

森下典子「いとしいたべもの」（二〇〇八年慶應義塾普通部）

須賀敦子「遠い朝の本たち」（二〇〇七年女子学院中）
赤瀬川原平「目玉の学校」（二〇〇七年フェリス女学院中）
　主に心情を読み取ることが求められているが、物語と違い文学的表現が多くは無く、心情を読み取りにくい。著名人の子供時代の考え方と受験生自身とを対比させる場を創出している。

⑨道徳観・倫理観を問う小説、物語の文章

たつみや章《しょう》「水の伝説」（二〇〇八年暁星中《ぎょうせい》）
重松清「その日のまえに」（二〇〇七年市川中）
辻内智貴《ともき》「信さん」（二〇〇七年豊島岡女子学園中）
　中学入試で必出といえる分野。主人公が子供で、道徳観・倫理観が問われる内容である。他に登場人物の心情を読み取る力が試される、という特徴を併せ持っている。

　全体としていえることには、小学生が解くにしては、どの問題も大変難しいということです。大学生などで、問題のテーマとなっている概念を理解、構築できている人には対応可能な内容ですが、小学六年生が一度読んだだけでさっと解答できる内容ではありません。

しかし、なぜ中学校がこうした高度な内容の問題を出しているのかを考えると、やはりこうした難しい内容についても理解を示す子供、読み取る能力が熟している子供を学校側はほしがっているからと考えられます。

ロースクール入試の小論文試験を例に挙げて説明しますと、一般論としてこの小論文試験は法律の基本的な考え方を理解していない人は受からないように問題が作られていると、私は考えています。受験生の中には一定数、法律的なものの見方・考え方、いわゆる法的思考力(リーガルマインド)をどうしても理解できない人がおり、その種の人を落とす試験になっているわけです。法曹《ほうそう》として本来必要な基本的能力がもともと無いとなると、そもそもそういう人は法曹になっても通用しませんから、前段階で落としてしまうのです。

それと同じように、中学入試の国語の問題にも、ある種のフィルターがかけられているのではないでしょうか。学校側が求める価値観、世界観を備えた子供だけが、このフィルターを通過していくわけです。そうであれば、中学入試までに長い時間をかけて、家庭で育んでおくべき価値観、世界観が見えてくるはずです。つまり、「こういう類の本を少し読ませておかなくてはダメだな」と親のやるべきことがわかってくると思います。

この場合、ただ子供に本を与えるだけではダメです。親は、その本の背景にある価値観、世界観を子供に話して聞かせてあげなければいけません。そのためには親が子供の先回りをして本を読み、その背景にある価値観や世界観について勉強することが必要となってきます。はっきりいって、時間も労力もかかる作業です。

私がよく申し上げるのは、親は泣きながら勉強しないとダメだということです。親が必死に勉強して、それでも子供の問題がわからないときは子供に詫《わ》びる。子供にただ「勉強しろ」「いい学校に行きなさい」と言ってみたところで、子供は親の怠慢を見抜いています。親ががむしゃらに努力している姿を、もがき苦しんでいる姿を見せ始めると、子供は急に伸びてくるものです。

7. 中学受験に必要な二大能力

中学受験を有利に戦うためには、判断推理能力、比較能力、直感的着眼能力を高めておくといいでしょう。中でも、判断推理能力、直感的着眼能力の二大能力は重要です。以下にこの二つの能力が問われている問題を見ていきましょう。

判断推理能力は、ＡとＢの関係、ＢとＣの関係から、ＡとＣの関係を推理させたり、数字の配列の規則性や法則性を発見し、次に来るものを推理するような能力です。算数、理科をはじめ応用範囲が広く、これを身に付けることは、中学入試問題を解く大きな武器になります。

問題　図は南極と日本での過去二十年ほどの大気中の二酸化炭素濃度が上昇してゆく様子を表したグラフです。aとbのどちらが日本のデータを表したグラフでしょうか。また、その理由も述べなさい。

（二〇〇八年早稲田大学系属早稲田実業学校中等部改題）

解説　これはとてもおもしろい問題で、大学入試の生物学にもよく出題されています。ですので、知っている人にはもちろんすぐにわかりますが、知らない場合は、どのように考えたらいいでしょうか。

bは短い期間内で二酸化炭素濃度が増減を繰り返しています。それは植物が生育していることを意味しています。なぜなら植物は光合成により二酸化炭素を吸収し、酸素を排出するからです。この点に気が付くかどうかが、ポイントといえまし

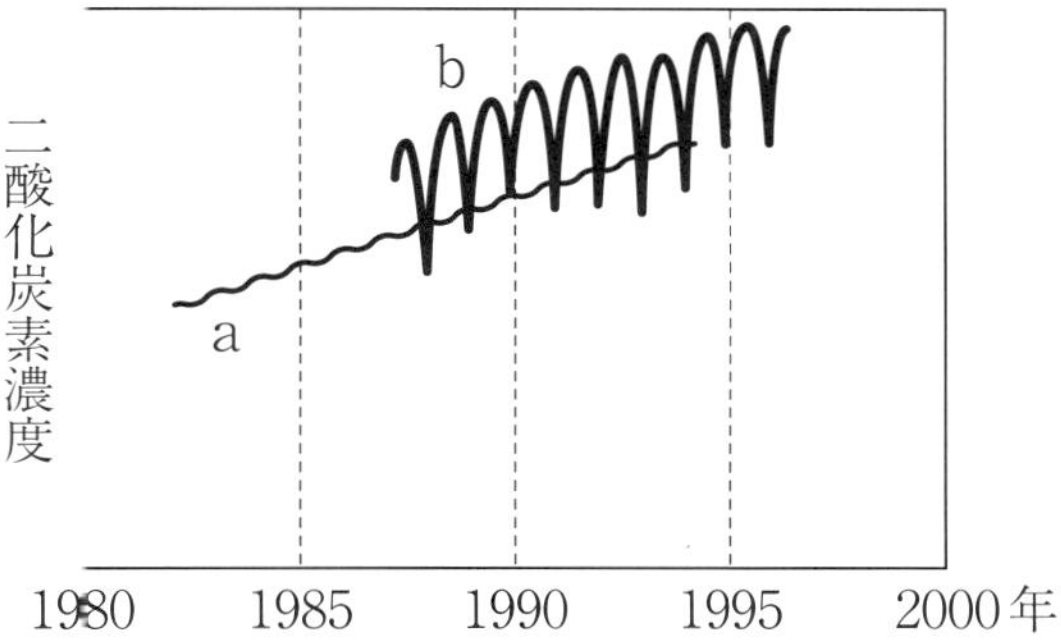

大気中の二酸化炭素濃度の変化＜気象庁地球温暖化監視レポート1995より＞

ょう。

夏は温度の上昇と太陽光の強さにより、光合成の速度が速まります。逆に冬は光合成の速度は遅くなります。このことから、グラフの二酸化炭素の増減は夏と冬での差異を意味すると推測されます。南極には植物は生育していませんから、グラフは一定の割合でゆるやかに上昇しているのです。

たったこれだけのグラフから、これだけのことが推測できるのです。おもしろいと思いませんか？

解答

う

日本には植物が生育しているため、夏になると光合成が活発になり二酸化炭素の濃度が低くなります。一方、冬にはそれとは逆の現象が起きます。したがって、植物が生育している日本の二酸化炭素濃度の増減表は、差の大きいジグザグの形状となるはずで、bが正解です。

もう一つの重要な能力直感的着眼能力は、問題文を読んで、その答えを導く正しい方向性を瞬間的に判断する能力です。限られた時間内に問題を解かなければならない入学試験においては、是非発揮したい能力で、鍛えておきたいところです。特に難関校は解答が複雑な問題が出題される傾向が強いため、この能力が役立ちます。

直感的着眼能力は、私が入試問題を眺めたところでは、もっとも意味を持つと思われます。図形の問題で、通常の発想を一八〇度変えて考えてみるとか、一本補助線を入れてみるとか、そういうちょっとした作業で、解答へのプロセスが見えてくる場合があるからです。しかし、本書で算数の問題を長々とご紹介するのも紙幅の関係で難しいので、今回は社会で直感的着眼能力を必要とするものをご紹介するにとどめます。

問題　次の①から⑩までの図は、都府県の形を示したものです。どの都府県か答えなさい。

（二〇〇八年巣鴨中改題）

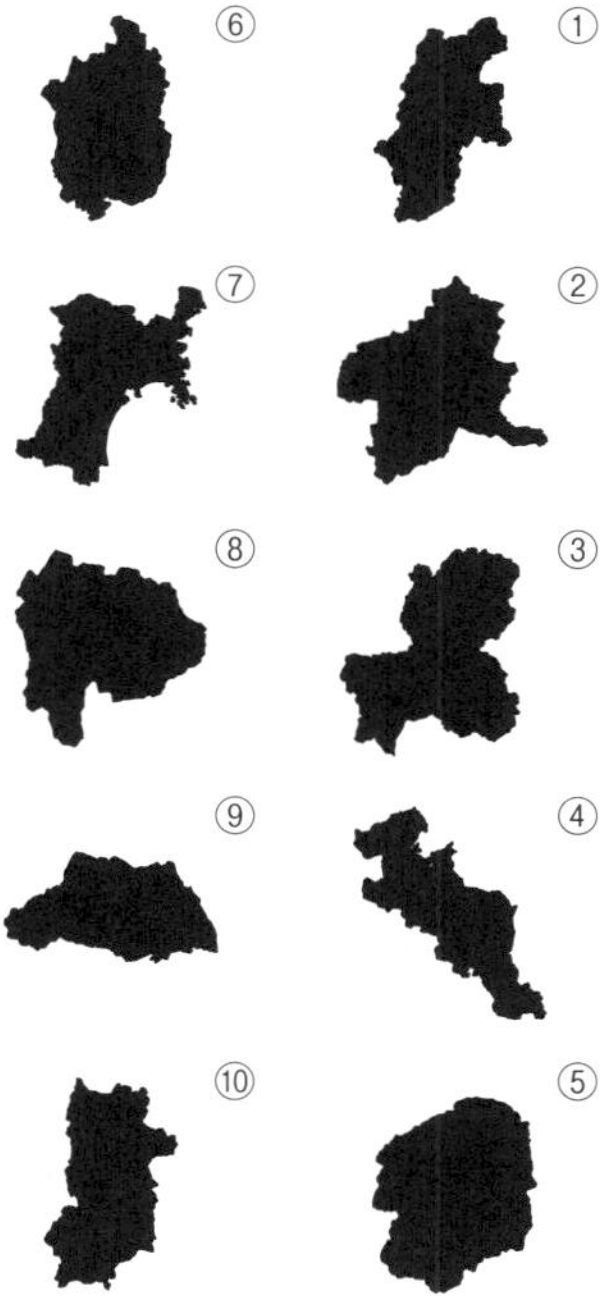

解説　図を見て、これが何県なのか、直感的にわからなければいけません。と申しましても、この問題はなかなか難しく、相当な難問といっていいでしょう。

まず、図では県自体の本来の大小が無視され、一〇の県が全て同様な大きさに描かれていますが、この中でいえば①の長野県をはじめとして、③の岐阜県、⑦の宮城県はかなり大きな県なのです。一方、⑥の滋賀県、⑨の埼玉県、⑩の奈良県は本来はもう少し小さく描かれていなければなりません。そこにまず違和感が生まれます。

また、日頃地図帳をよく見ていること、さらに一度その県の形状と県名を頭に焼き付けたら、今度は、単体で県の形状を見せられて、県名がパパッと瞬間的に出てくるような感じでないと、対応不可能です。この種の問題は長時間考えて解答にたどり着くのではなく、直感的に、瞬間的に正解に到達することが必要です。

解答

①長野県　②群馬県　③岐阜県　④京都府　⑤栃木県
⑥滋賀県　⑦宮城県　⑧山梨県　⑨埼玉県　⑩奈良県

これは私からのアドバイスですが、受験のために塾をお選びになるときは、三大能力、中でも、今ご紹介した判断推理能力と直感的着眼能力の二大能力を子供に身に付けさせるような授業を行っているかどうかが、ひとつのポイントとなります。そのためにはチラシやネームバリューだけに頼るのではなく、実際に親子で体験授業に参加するといいでしょう。特に、難問をその塾の先生がどのように解明していくかに着目すると、その塾の実力がどのレベルかが見えてきます。

8. 塾や家庭教師を全面的に信用するな

中学受験のための塾にお子さんを通わせている親御さんは、前述したような出題周期表を作ることや、国語の問題文の背景にある価値観・世界観を子供に教えることを、塾の先生がやるべき仕事と認識し、お任せしてしまっている場合も多いと思います。

確かに塾の先生は、子供たちを引き付け、飽きさせない講義をする能力には長《た》けています。しかしながら、レベルの高い学校で持おり出題される極端に難しい問題ともなると、塾の先生も効率の良い解き方を教えていない場合があるのです。

ですから塾に大方預けるのはいいのですが、「預けたから安心」という気持ちは絶対にいけません。出題周期表と国語の価値観・世界観はまず家庭で行う、塾が無くてもやっていけるくらいに自己完結できていることが理想といえます。

私は大学生時代、家庭教師をしており主に中学受験生を教えていました。多いときで、一ヶ月に七人をかけ持っていました。その中の一人の女の子が、六年生の十月になっても成績が伸びてこないので、心配したお父さんが「いま、どうなっているのかな?」と私に言ってきました。

後でわかったことですが、お父さんは以前から私のことを全面的に信用していなかったらしく、裏で相当、私の教えたことを娘に補強して教えていたのです。そんなこととは知らない私は、当時、お父さんの言葉に反発してしまいました。しかし、今になって思うとこれは当たり前のことです。家庭教師も塾の先生も能力はいろいろですし、子供との相性もありますから、預けたからといって一〇〇%安心ではありません。家庭教師や塾の先生の機嫌を損ねるなどと遠慮せず、どんどん意見や希望を言うべきなのです。ちなみに、この少女は第一志望校に入学しました。

9. 食べすぎは学習を妨げる

先にもお話ししたように、運動会でどんなに一生懸命に走っても、足の速い子と遅い子はいます。それと同じように、子供の学習の能力にも埋められない差があることを親は知らなければいけません。つまり、頭の回転の速い子と遅い子の差です。

もちろん、一定の能力を持つグループ内では、学習の成果として結構順位は入れ替わります。しかし、下位のグループから上位のグループにいきなり行くことは稀《まれ》です。親がその点をよく認識しないままに子供に妙な期待をかけることは、子供にとって不幸です。

中学受験生を教えていたとき、目から鼻に抜けるようによくできる子供がいました。いつも目がキラキラ輝いていて疲れにくく、私の話を手に取るように理解し、どんどん問題を解いていくのです。その一方で、どういう教え方をしてもできない子供もいました。私は当時、「プログラム学習」といって、まず実例を見せて、次に例題を解かせ、そして類似の問題を解かせるという学習方法を採用していました。しかし、できない子は、たとえそれが同じ範囲の問題であっても、数字が違うだけで解けなくなるのです。枠組みが頭の中に構築できない子供が、ある割合で存在することもこのとき実感したのでした。

そういう子供たちには共通した特徴がありました。それは、食事のときだけ元気になるということです。私立小学校に通うある女の子は特に顕著でした。夜六時半に家庭教師としてその家を訪ねると、決まってプーンといいにおいがします。それもかなり高い頻度で中華料理のにおいでした。そして、奥から出てきた女の子は開口一番「先生、わたくし、また食べすぎちゃったわ」と言うのです。聞くと、ご飯を二杯、マーボー豆腐を二杯、おかわりしたと言います。それだけ食べれば頭の方には血が回らなくなってしまい、もはや勉強をする状態ではありません。眠る体制に入っており、授業を始めても間もなく、コックリコックリと舟を漕《こ》ぎ出します。

そのような子でしたが、クラスでビリのほうだった成績を、私は上の下まで引き上げました。この事例のように、あるところまで持っていくことは可能ですが、それ以上はなかなか難しいというのが本音です。

成長期ですから食事も大切なことはわかりますが、頭の働きとは相反関係にあります。集中して勉強する前の食べすぎは逆効果です。食べる時間や量には親が気を配ってあげることが必要でしょう。

10. 子供によって頭の体力が違う

　私は小学生のとき、学校から家に帰ると一時間、仮眠をする習慣がありました。帰宅してすぐに勉強しても、疲れていて効果が上がらないことから、自分で思い立って始めたのです。仮眠をすると、夕方勉強していても眠くなりません。頭がスッキリしているので、ものすごく効果が上がります。

　福岡のある高校では、昼休みに仮眠の時間を設けたと聞いたことがあります。「それでは仮眠です」とベルを鳴らして、二十分間、強制的に全員が机に突っ伏して仮眠するのだそうです。

　朝方眠りから覚めたばかりは能力が高く、夕方疲れてくると能力が落ちる。そういう人は多いのです。しかし、中には、生まれつき眠らなくても頭が疲れない人が一定数います。IQとは違う、いうなれば「頭の体力」です。頭の体力の無いこに、「もっとやりなさい」と言っても疲れていてできません。親御さんは、お子さんをよく観察し、どちらのタイプか見究めてください。

弱点があれば工夫をして補強する。そのためには日常生活を通して客観的に子供を観察する目が必要です。それができるのは親をおいて他にはありません。「勉強しろ」「いい学校に入れ」と言うのではなく、本当にそう願うのであれば、親は戦略的に動かなくてはいけません。それが最初からできないようであれば、結果は火を見るより明らかなのです。

第5章 多くのエリート志望者と接して

1. エリートを目指す者たちの知られざる努力

〝エリート〟というと、皆さんはどのようなイメージをお持ちでしょうか。小さい頃から頭が良く、そこそこ勉強して立派な職業に就き、経済的に裕福な生活を送る人たち。――このようなイメージを少なからずお持ちなのではないでしょうか。

世の中には、周囲からいわゆる〝エリート〟と呼ばれ、成功している人たちがいます。しかし、彼ら彼女らが〝成功者〟となるまでには、決して道のりは平坦ではなかったはずです。

私は現在に至るまで、多くのエリート志望者と接してきています。これまでもお話ししてきましたが、医学部受験予備校では一〇〇人以上の生徒を医学部へ合格させてきました。また、現在は法科大学院で法曹を目指す学生たちに刑法や刑事訴訟法を教えています。その経験からいえるのは、エリートを目指す者たちは悲壮感溢れるほどに努力をしているということです。

一般の人よりも上を目指そうというとき、人と同じ努力ではその目標は達成できません。

この一般論はエリートの世界にももちろんいえることなのです。ここに医学部受験生、法科大学院生らの生活の実態をご紹介します。その努力や紆余曲折ぶりは、おそらく皆さんの想像を遥かに超えているのではないでしょうか。

2. 医学部受験生の場合

愛情に飢えた若者たち

第2章の「できなくなるには理由がある」でもお話ししたように、私の教えていた医学部受験生たちは、勉強以前に深刻な本質的問題を抱えていることが多くありました。医師である親が仕事が忙しく、子供が小学生ないし中学生の時期に信頼関係を形成することができないまま、子供は、年齢だけは重ねてきているのです。この〝暗部〟をまずなんとかしないと、どれほどこちらが懸命に指導しようとも入試の成果にはまず期待できません。

父と子供のこじれてしまっている信頼関係を修復するにはどうすればいいのでしょう。男の子の場合にはまだ救いがあります。親御さんによく私がお勧めするのは〝四泊五日の温泉旅行〟です。父と息子とが裸になって温泉につかりながら、「お父さんはこれまでお前をかまってやれなかった。お父さんを許してほしい。悪かった、この通りだ」と言って頭を下げて見せるのです。大抵の場合、次の日から息子の顔つきは明るくなるはずです。

これが女の子になると、父親は一緒に風呂に入れませんから、話はややこしくなります。

以前、私の教え子に、一浪で医学部を目指している女性がいました。彼女は都内の大病院のお嬢様で、何不自由なく育っていました。予備校生というのにゴールドのネックレスをキラキラさせていたのが、今でも記憶に焼き付いています。

受験当日、彼女は母親と一緒に会場に来たため、私は午前の試験が終わるまでの時間を、複数のお母さん方と近くの喫茶店で過ごすことにしました。午前は生物と化学の試験です。

やがて、彼女は昼食をとりに喫茶店に現われましたが、ずっと泣き続けています。

「生物も化学も、全く見たこともない問題だった。もうダメだ。午後の試験はもう受けたくない」というのです。私が「スパゲッティを食べなさい」と言っても、まったく聞き入れようとしません。午後には大事な英語と数学の試験が残っていますから、頭に栄養を行き渡らせるためにも昼食はしっかりと取るべきなのです。

母親はというと、眉間にしわを寄せたまま、身動きひとつしないで、ただ黙ってじっと座っています。娘という腫《は》れ物をどう扱ったらいいのか、まったくわからない様子で彼女の横顔を心配そうにじっと見つめていました。娘との信頼関係が築けていないのでしょうか、怒るとか叩くとか、何か助言するとか、そういうことさえできないのです。私は目の前で繰り広げられる光景に、とまどいました。

亀梨くんやマツジュンにお願いするしかない

月日が経ち、大学入試の過去問が書店で売り出される時期になりました。私は、なぜ予想問題が外れたのかを考えながら、彼女が受験した医大の過去問を手にしました。ページをめくり、唖然《あぜん》としました。「ここは出るよ」と教えてきた遺伝の問題が、ちゃんと出題されているではありませんか。要するに、彼女は、それまで解いてきた問題を完全にマスターできていなかったのです。

このような育てられ方をした女性の場合、たとえばＫＡＴ―ＴＵＮの亀梨くんや嵐のマツジュンに、登場を願うしかありません。いや、何も彼らでなくてもいいのですが、彼女が興味を示している男性から「僕がそばで見守っているから、勉強しよう」と言ってもらうしかないのです。

何百人と受験生を見てきた私の経験から、女の子に「頑張りなさい」と言って素直にその言葉を聞くのは、相手に好意を持っている場合に限られることが多いです。女性を救う一番の手段は愛情である場合があるのです。ですから逆に、女子受験生は失恋をしてはいけません。

同じ医者でも、忙しい仕事の合間に携帯メールを利用して、息子と頻繁《ひんぱん》にやりとりをして絆をつなぎとめている父親もいます。私はそのお父さんから、携帯電話の画面を実際に見せてもらいましたが、一回のメール文は本当に短く簡単な内容でした。

「おい、最近元気無いな。どうしたんだ?」、「調子の悪いときは誰にでもある。今日は、もう寝たほうがいいぞ」と、こんな調子です。勉強のことには一切触れず、息子の精神的な支えとなるようなメールの文面に、私は、「ここの息子さんは来春合格するな」と思ったものです。

野辺山合宿での猛特訓

勉強以前の問題を抱える教え子たちでしたが、そうかといって勉強をおろそかにするわけにはいきません。夏には信州の野辺山《のべやま》高原のペンションで一ヶ月の合宿を行うことが、私の予備校の慣例でした。朝七時から夜十時まで勉強漬けの毎日を送ります。「食事と入浴、睡眠以外の時間は、すべて勉強！」。生徒にこう話すと一様に「エー⁉」という反応を示しますが、テレビもゲームも漫画もない、ましてや部屋に引きこもることも、逃げ出すこともできません。勉強するしか他に選択肢がなく、早朝の英単語一〇〇問チェック、英熟語一〇〇問チェックに始まり、生物一問一答一〇〇問チェック、英文解釈演習、数学演習など、一日、ギッシリ勉強のメニューが組まれており、全員必死になってついてきます。

勉強面だけではありません。一緒に食事をし、一緒に風呂に入るうちに、愛情に飢えた子供たちも少しずつ心を開いてきます。そして合宿最後の日は「勉強をした後はちょっぴり遊ぼう！」と言って、近くの牧場に行ったり、夜は、夜空に輝く銀河を見たり、子供たちの頑張りに対してささやかなご褒美を用意します。こうしたほんの些細《ささい》な触れ合いが、閉ざした心を持つ子供たちには、この上なく新鮮で楽しく感じられるようです。

ある年の合宿の帰りのこと、小淵沢《こぶちざわ》から東京の新宿へ向かう特急「あずさ」が荻窪《おぎくぼ》駅を通過した頃、私の肩をポンポンと後ろから叩く者がいました。振り返ると、予備校に通い始めてからまだあまり口を開いたことのない少年が、「先生、僕の学校あそこなんですよ」と人《ひと》懐《なつ》っこく話しかけてきたのです。

なかなか心を開かない生徒で、彼との間に信頼関係を築くのにも二年かかりましたが、なんとか医学部に合格しました。しかし、入学後は若干遅刻が多いようで、私が彼のそばにいてあげられなくなったので、彼はまたもとに戻ってしまったのかな、と不安に思っています。彼のように、誰かが常に併走してやらないとダメなタイプは、たった一人の理解者がいるかいないかで生き方が一八〇度変わってしまうのです。

夜空に輝く銀河といえば、その合宿に参加していた女子高生も忘れることができません。みんなで外に銀河を見にいったとき、彼女は部屋で眠ってしまっていたのか、呼びかけに応答がありませんでした。ところが、夜中にペンションの奥さんが戸を閉める段になって、二階の部屋から一人起きてきて「銀河見るう！」と叫び始めたではありませんか。奥さんは「何言ってるの！　お黙りなさい！」と一喝。それを見て、自由奔放に育ってしまうと、こうして自分の論理でしかモノを考えられなくなるものかと、私は困惑しました。

3. 法科大学院生の場合

「私、人生かけてます」と言い切った女性たち

私は現在、法科大学院で主に未修者（法律の勉強を大学時代に十分にしていない人たち）の一年生、三年生のゼミや論文の答案講評を担当しています。そこでは年齢や性別を超えて、ただただ自分の夢を叶えるべく必死になって前を見つめる学生たちと向き合うことができます。

最近、不思議に感じることがありました。それは、女性の方が男性よりも出来がいい、ということです。これは、私が教える司法試験予備校でも同じことなのですが、たとえば司法試験受験生が一〇〇人いて、そこに女性が三〇人、男性が七〇人の割合で存在するとしたら、その女性三〇人のうち実に七割以上が成績優秀、という感じが致します。一方、男性七〇人のうち、成績優秀のグループに入るのは半分ぐらいではないでしょうか。

では、なぜ女性はそれほど優秀なのでしょうか。

これは、あくまで推測ですが、"法曹人を目指す"という難関に自ら飛び込んでくる女性は、相当な覚悟と信念を持って入学してきているということではないでしょうか。一般事務の仕事や、女性だからこそできるやわらかで優しさを感じる仕事もある中で、堅苦しく厳し

い、弱肉強食的な色彩が強い世界に自ら飛び込んでくるのですから、それなりの覚悟が決まっているのだと思います。もう絶対に後戻りしない、後戻りできない状態に自分を追い込んでいるのです。すなわち〝彼女たちには選択肢は法曹人しか無い〟わけです。そして、そこから一点に集中した大きな力が発揮できるというわけです。

余談ですが、同じ女性であっても医学部受験生ともなると「親が医者だし、親が勧めるから」という軽い理由で受験する人も中にはいます。この場合、「失敗しても、親の病院で事務で働けばいい」という楽な選択肢もありますから、彼女らの頭にはゆとりがあるのです。選択肢が広く曖昧だと力は発揮されないということです。

しかし、司法試験予備校や法科大学院ではそのようなタイプの女性に出会うことは決してありません。この不景気に、女性が年間一〇〇万円以上もの学費を捻出《ねんしゅつ》して三年間（既修者は二年間）通うのですから、それはもう必死になるしかありません。「私、人生かけてますから」という真剣な言葉を、私は面前で幾度も聞いています。しかし、照れるのか男性からこの言葉を聞くことはあまり、ありません。

五〇〇万円を無駄に使ったら言い訳できない

「週末はイタリアンでも食べに行く?」「今日は気合で合コン」などという生活も、女性であれば楽しむこともできるでしょう。しかし、法科大学院に通う女性たちは、一日十時間を勉強に費やし、さらに学校が終わった後は帰りの電車の中でわずかな時間を惜しんで勉強を続ける人も多いのです。そこまでできる信念の強さは、女性の強さの表れではないかと私は思っています。

学生の中には主婦も何名かいます。朝五時に起きて子供たちの弁当を用意し、家族に朝食を食べさせて送り出した後、一、二時間勉強をしてから学校にやってくる。そのような涙ぐましい生活を毎日続けている人もいます。彼女たちは言います。「自分が決めたことだから」と。

法科大学院の学費は大学院によっても違いますが、年間約一五〇万円、三年間通えば五〇〇万円ぐらいが消えていきます。しかし、それだけ費やしても新司法試験の合格率は約三割です。その三割にかけるためには、「後ろを振り返っている余裕は無い。学費を払って学んでいるのだからやるしか無い」というわけです。その必死で建気な眼差《まなざ》しに、こちらの胸が熱くなります。ご主人も理解のある方なのでしょう。

主婦のみならず、独身の若い女性も多くいます。ある女性は、大学卒業後、事務職として働いていましたが、会社の中に確固とした自分の居場所を見つけることができず、「自分で意思決定のできる仕事をしたい」と、法科大学院に入学してきました。仕事をやめた以上、もう後戻りはできません。彼女は、いま必死で勉強しています。

この人たちのために喜んで踏み台になろう

法科大学院の勉強の何が大変かといえば、その課題の量です。厳しい先生になると、〝複数の判決文を読ませ、内容を分析・要約して、レポートとして提出させる〟というような難解な課題が途切れることなく課される場合もあります。

これを十分にこなすためには、寝てなどいられません。学生の中には、「布団に横になると熟睡してしまうから、布団で寝ずにソファーで寝ることが多くなった」という人もいるほどです。満足な睡眠をとっていては、三年間で合格レベルの法律をマスターすることはできません。

「張り切って机に向かって勉強していたはずが、気が付いたら机に突っ伏したまま朝を迎えていた」という、もはや限界に近いような話を聞くこともあります。無意識のうちに寝てしまったというわけです。これが三年間、法科大学院生には当たり前のように続きます。

中学受験、高校受験、大学受験——受験シーズンともなると、勉強が辛くて泣きたくなる子供もいるでしょうが、法科大学院生の日常を見れば「自分はまだ甘い」と安堵《あんど》の気持ちすら生じるかもしれません。

先日、私は週に二回刑法のゼミを組む法科大学院の未修一年生一六名に、後期に学んだ「刑法各論」の理論を確認する意味で二時間にわたる確認チェックテストを実施しました。本番の試験ではないにもかかわらず、彼らの試験に向かう真剣な眼差しとその緊張した空気には、こちらが心配になるほどでした。追い詰められた状況でまっすぐに取り組む学生たちの真摯《しんし》な姿を前に、私は「この人たちのために喜んで踏み台になろう」と心を強くしました。教える側を本気にさせる人たちが、この世の中にはまだ存在するじゃないか。日本の教育の現場も捨てたものじゃない。廊下の窓からゼミ室にいる彼らの横顔をこっそり見つめながら、私はなんだか嬉しくなってしまいました。

第6章

社会の人間として「できる力」を身に付ける

1. 正直であること

〝できる子VSできない子〟というテーマで、ここまで多くの事例を交えながら述べてまいりましたが、「学力がある」、「能力がある」という以上に、人間にとって〝学ぶべき〟本質的な事柄があると、私は考えています。それには、複数の要素があると思いますが、そのうちのひとつは、「人間はまず、正直であらねばならない」ということです。

私の家庭では、夕食時に娘と一緒にニュースを見ることを常としていますが、最近の報道の中には、子供に見聞きさせたくない内容のものが、ままあります。

たとえば、二〇〇九年二月の中旬に開催されたG7後に会見した、中川財務金融相の辞任に至るまでのコメントなどは、聞いていて戸惑いを感じざるを得ないのです。恥ずかしくなる次第です。財務金融相といえば、確かに激務でしょう。渡欧中、大臣は風邪をこじらせていたとのことですから、風邪薬の服用から、体調に異変をきたしたということにも理解を示したいと思います。

しかし、私の目には、前夜の深酒あるいは昼に飲んだワインが相当効いているように映りました。大臣の朦朧《もうろう》会見を目にした一ローマ市民は、日本のテレビの取材に、「ワインを樽ごと飲んだのじゃないか」と揶揄《やゆ》して笑いました。彼の認識は間違っているのでしょうか。

真相はわかりませんし、私個人としては大臣のことを信じたい気持ちで一杯です。また、よしんば、飲酒について〝真っ黒〟であったとしても、「酔っておりました辞任します」と潔《いさぎよ》い態度をとれない事情もわかります。潔さが必ずしも国益にかなうかどうか、の問題があるからです。

そして、だからこそ会見を日銀総裁らに任せて、当日欠席することはできなかったのか、と悔やまれてならないのです。

日本の子供たちは、国益を加味して物事を理解しません。報じられた映像・言葉をそのまま信じます。彼らは、一様に政治家は言い訳ばかりするのか、あの発言は詭弁《きべん》なのかと考えたことでしょう。国の台所を預かる模範たるべき政治家が全く「範」たり得ていないわけですから、我々は親として、この実状をどう子供に説明したら良いのでしょうか。

これは私たちも反省すべきことですが、このような状況になった理由として、ひとつには戦後日本の指導的理念に問題があったのではないかと最近感じるようになりました。それは、戦後日本の指導的理念である「個人の自由と民主主義」が社会で絶対的なものとして位置づけられたことと関連があります。その結果、日本社会の倫理的側面が若干後退してしまったのではないかと私は考えるのです。人は、自分自身に不利な決断を迫られる場合にも、その決断が不利とか有利とかにかかわらず、本来、「正直」「真実」に近い決断をすることが妥当です。

しかし、どうでしょう。我々は倫理・道徳を否定する行為から生じる戒めと、倫理・道徳を否定する行為から得られる快感や利益を比較するようになってしまっているのです。周りを見渡しても、潔い人間が減りつつあるように思われるのです。

2. 優等生の涙のワケ

私が小学校六年生のときの話です。友人何人かと連れ立って、男子便所から隣接する女子便所に向けて、掃除用のバケツに水を貯めて飛散させる、といういたずらをしたことがあります。用を足している最中に、上から水が降ってくるのですから、たまたま女子トイレにいた人はたまりません。刑法上は、暴行罪あるいは器物損壊罪になってしまいます。

案の定、その悪事は担任の先生に告発され、帰りのホームルームの時間に私も含めた何人かの生徒は起立させられ、先生に詰問《きつもん》されました。

首謀者である私はすぐに罪を認め、真実を話しました。共犯者数人も追随し、先生に謝罪しました。しかし、主犯格とはいえないまでも、一緒に水の飛散行為に加担したA君は名乗り出ませんでした。彼は私たちに同調し、確かに背後から水をかけていたのです。彼の態度は正直なものではありませんでした。

そこで私は、担任と同級生の面前で、彼の悪事を暴露しました。するとどうでしょう。彼は突然立ち上がり、「僕は絶対にやっていない、やっていない」と首を横に振り、ワナワナ震えながら、涙をボロボロ洪水のように流して自らの潔白を訴えました。私は、男子生徒がそこまで激しく泣く姿を見るのは初めてでした。

もし、やましいことがなく潔白なら、本来涙など流さないはずです。彼はクラス委員で勉強もよくでき、優等生と言われていました。しかし、私は興ざめしました。勉強がいくらできようが、優等生であろうが、彼の人としての価値はどうだろう、と考えたからです。彼の行為はどう考えても正義に反している、そう思えたのです。

一見矛盾しているようですが、彼が唯一救えるのは、洪水のように涙を流した点でしょう。彼はこのとき、「自己のあるべき姿」と「現実に示した虚構の姿」のギャップに悩み苦しんでいたのです。善・悪が対立する葛藤《かっとう》の中で、私に見事に真理を突かれたので、彼の潜在的な〝善〟が反発し、涙という形になってとめどなく溢れ出たのです。

ちなみに、風の噂によると、彼は現在、官庁のお偉い役人をしているそうです。なんだか不安になってしまいますが、いずれにしましても、こんな時代だからこそ、私は二人の娘に口酸っぱく言っております。「言い訳していいわけ無い！」と。

3. 社会性をいかにして育むか――香具師から学んだこと――

私が重視する二つ目の事柄は、「社会性」をいかにして育むかということです。この点で現代の子供は、社会構造としてそもそも、そういう機会に恵まれておらず、可哀想な側面があるのではないでしょうか。

私が子供の頃は、自分が社会とどう関われば良いのか、どういう距離感を保てば良いのかを考えさせられる場面がいくつもありました。殊《こと》に、定期的に開かれる縁日での、香具師《やし》との交流は、今思い起こすと貴重な体験です。

小学校低学年の頃、私の住む町の薬師《やくし》には、月に四回賑《にぎ》やかに店が立ち並びました。ある日、「透視メガネ」なる商品を売る夜店が出ていました。店頭では、初老の香具師が大人、子供数十人を集めて、熱弁を奮っていました。

なんでもその四角い箱型のメガネで人の手を見ると、内側の骨が透けて見えるというのです。値段はひとつ五〇円。子供の私には少し高い気はしましたが、その香具師の言うがまま、なけなしの五〇円をはたいて、その秘密の箱を手に入れました。

しかし、どう考えても五〇円のレントゲン装置などあろうはずがありません。案の定、箱を分解して出てきたのは、中に組み込まれた粗悪なガラス玉と鳩の羽一枚でした。羽の生え際をよく見ると、そういえば、骨に見えないこともありませんでした。

また、ある日などは、「カラーひよこ」という珍品にも魅せられてしまいました。「突然変異！」と大きな文字が書かれた店先に、カラフルなひよこが木箱に詰められたくさんひしめいていました。中を覗くと、ピンク、緑、青などのひよこばかりで、通常の黄色のひよこは一羽もいません。なんだか不思議な感じがしましたが、言われるがままに三色のひよこを一羽ずつ購入し、その夜は、裸電球であたためながら眠りました。

しかし、翌日の午後、庭でその三羽を放し飼いにしている際に、驟雨《しゅうう》があり全て黄色に戻ってしまったのです。これのどこが突然変異なのだろう、と子供心に思いましたが、もとの色に戻った三羽のひよこを憎めませんでした。

また、ひよこ同様、言葉巧みな香具師を責める気にもなれませんでした。

縁日の日に香具師に返金せよ、と詰め寄る大人を私は一度も目にしたことが無いし、たとえ、騙されたとしても、それが社会の慣習である、と受忍したからです。

〝我々は暗黙の合意の中でひとときの夢を購入しているのであり、数十円の対価は、その代償なのではないか〟。誰が教えてくれたわけでもなく、周囲の空気を読むことで、私はそのように学んでいったのです。そして、ささやかな社会との接点で、人と人の距離感や他者と交わす呼吸を学んでいったのだと思います。

もちろん、その過程で、他者と対立関係に至った場合に、どのようにふるまうべきかの所作を自然と身に付けていったのだと思います。

4. 銭湯の効用

社会性を学ぶ、ということでいえば、銭湯に子供を連れていくことも少なからず意味がある、と私は考えています。

銭湯には、子供たちにとっては祖父、祖母に当たるような年代の方々が多く集まってきています。そうした方たちから、湯船への入り方や体を洗う際のマナーなどさまざまなルールを学ぶことはプラスになります。

先日、近所の銭湯のおかみさんから聞いた話で興味深いものがありました。夕方の六時頃、女湯が混み合っているときに、二十歳前後のギャル風の女性が一人来湯したそうです。彼女は、シャンプーを片手にタオルも持たずに洗い場にスッポンポンで入っていき、一〇分ほど体と髪を洗うと脱衣場に出ていきました。その際、体中に水気が残っていたので、近くにいたお婆さんが注意をしたそうです。箴言《しんげん》の内容は、手ぬぐいで体くらい隠したほうがいいこと、また、タオルでよく拭いてから上がらないと脱衣場が濡れてしまうという二つの基本的なマナーでした。

ところが、その女性は、お婆さんのアドバイスに逆ギレして、体を隠すとかタオルを持ってくることなどの規定は、入り口や脱衣場の貼り紙のどこにも書いてないではないか、といって、その場で突然ぴょんぴょんジャンプをし始めたそうです。彼女は二〇回ほどジャンプして体の水気を切ると、ほら、バスタオルなんか無くたって乾くじゃないと言い、ロッカーの方に向かっていったそうです。

私はこの話を聞いたとき、「世代間のギャップ」と、「公共空間の崩壊」というようなことを思い起こしました。これは何も、この女性一人の問題ではないのです。「正直であること」のパートでもお話ししたように、私たちが受けてきた戦後の教育のあり方にこそ、根源的な問題があるのです。

「道徳」とか「公共のマナー」とか声高《こわだか》に叫ぶことは、確かに今の時代、好まれないでしょう。しかし、私たちはあまりに自由すぎました。もしかしたらその自由は、誤った方向に拡張していったのかもしれません。自由であることは良いことです。けれども、私たちはその一人ひとりが、最小単位としての「家庭」から、「学校」「会社」などの組織、そして大きくは「社会」に属していることに気づくべきです。この世に生を受けている以上、「社会」との関係性でいうならば、全くの自由というのはありえないのです。

常に他者の目をどこかで意識しなければなりません。もし、そのような他者関連性を否定する人がいるとしたら、その人はいくら頭脳明晰でも、「社会」で豊かに成長していくことはできないと思います。

今、述べたことに関連して、最近、恥ずかしくも嬉しいひとつの出来事がありました。上の娘の個人面談に家内が出かけたところ、先生から学科について厳しい言葉をいただいたというのです。それは、私が毎日しっかり見ているつもりでいた算数に関する評価でした。

先生によると、他の科目と比べて取り組み方が雑で、面倒な割り算やかけ算など、最後までじっくり丁寧に取り組めない場面が見られるというのです。私は、娘への関わり方について反省すべき点を感じました。娘が終えた宿題に毎日、私はせっせと赤字を入れておりましたが、これは、方法によっては間違いだったのです。よくよく聞いてみると娘は、私が修正した正しい赤字をただ丸写しして、学校に提出していたのです。本来ならば時間をとって娘と向き合い、二人で正しい答えへのプロセスを模索するような学習法を私は取るべきだったのです。これは〝灯台下暗し〟というか、教育者として恥ずかしいことでした。

一方、意外にも嬉しい報告もありました。私が、「人との関わりはどうだろう」と尋ねると、明るく楽しい学校生活を送っており、元気に先生や同級生に挨拶をし、多くの友人たちと仲良く過ごしている、との答えが返ってきたからです。ちょっとした揉めごとが起こった際に、自分の意見を述べながら調停役を務めることもあるというのです。

私は、喜びを禁じえませんでした。〝勉強はできるけれど人と関われない〟と評価されることより、どれほど良いことか、と私には思えたからです。

5. ラーメン屋の少年に教えられたこと

「学力がある」「能力が高い」ということ以上に重要な事柄として、ここまで「正直である」こと、「社会性を育む」こと、という二つの要素をお話ししてきましたが、三つ目に重要な要素は、自分の興味あること、目標に向かい熱中できるかということです。私が、そのような考えに至ったのは、二十年ほど前に遭遇したあるひとつの出来事がきっかけです。

私が以前住んでいた文京区の千石《せんごく》に一軒のラーメン店がありました。カウンターに一五人ほど入る人気店で、味には定評がありました。千石に越して間も無いある土曜の夕刻、私は初めてこの店を訪れました。夕飯にはまだ早かったせいか、店内には客がまばらにしかいませんでした。調理場には二人の年配の男がいて、何やらスープをかき回しながら談笑していました。

と、私は食券の販売機を物憂《ものう》げにいじる、青白い表情をした少年の存在に気が付いたのです。風貌からして昔はワルだったのでしょう、負けん気の強そうな表情がそれを物語っていました。

しかし、今は調理の見習いでもしているのでしょうか。この少年がもう少し辛抱強く学問でも続けていれば、彼の人生はもう少し違ったものになっていたろうに。そのときの私はまだ若く、若干の傲慢《ごうまん》さを持ってこんな考えさえ抱いたのです。そして、ラーメンを食べ終わるとそそくさと店を出ました。それから一ヶ月、私はその少年の存在を忘れていました。いや、記憶すべき特徴さえ実は無かったのかも知れません。

ところがです。次にその店を訪れた私を待ち受けていたのは、ひとつの感動的なシーンでした。寒い冬の日でした。時刻は夜中の十二時を回っていたでしょう。ぎっしり混み合った店内に入った私は、食券を買いカウンターの片隅に置くと蒸気でかすんだ調理場をボーッと見つめていました。調理場の中には、猛スピードでラーメンを作る若者の姿がありました。

私は目を疑いました。目を凝らすとそれは他ならぬ、先日の青白い表情の少年だったのです。目の前にはどんぶりがズラリと並んでいます。少年の動きは素早いものでした。めんを円形のザルですくうと腕の回転と箸《はし》で回します。上下にたたくような動きで湯を切るのではありません。そして、次々にどんぶりの中にめんを均等に移していきます。めんを見つめる目、長年の勘で培ったのでしょう、ザルの回転速度、回転角度、常人が回したら、めんはたちどころに、あちこちに飛び散ってしまうことでしょう。

私はそこに、ラーメン職人としてめんに命をかける一人の若者の姿を見たのです。学問だけが人生ではない。少年の働く姿は、私にそう強く語りかけているようでした。

店内の蒸気で眼鏡がくもり、私は少年のかけ声とともに置かれたラーメンが、しばらくの間見えませんでした。

「あとがき」にかえて

「若者を本気にさせる」――言葉の無い教育――

私が以前教えていた医学部受験予備校で、十四年前に起きた出来事です。四月に入学してきた学生の中に、沖縄出身のO君という青年がいました。

O君は二十二歳で、東京の有名大学を休学し、医学部に再チャレンジする志を持ち、私の予備校の門を叩いたのです。沖縄の人らしく、骨太で体格が良く、礼儀正しい青年でした。当時私の予備校は十代の現役生、浪人生が中心でしたので、年齢的に一番近かったこともあり、彼とはよく、授業終了後さまざまな話をしました。現代の医療の抱える問題、当時は特に「東海大安楽死事件」が問題となっており、その是非について議論を交わしたのを覚えています。

O君は大学生ということもあり、数学と英語が得意で、入学当初から群を抜いて良くできました。春に実施された模擬試験でも、すでに志望校の合格率としてB判定を出しており、私が期待する生徒の一人だったのです。彼には明るい未来があり、道が拓かれていました。

ところが、その年の初夏でしょうか、彼に異変が起きました。生真面目な彼が予備校を休みがちになり、授業に参加しても、どこか顔色が悪いように感じられました。理由を聞くと、なんでも、この二週間、三七度を超す微熱が続き、体調が思わしくないというのです。私は心配になりました。彼に大学病院で診てもらうことを勧めましたが、とりあえず、近隣の内科医に診てもらうということで、診察を受けたようです。診療結果は、医師によれば疲労か風邪の初期症状ではないかとのことで、明確な原因は判明しませんでした。

それから一ヶ月が過ぎました。彼の症状は一向に治る気配がありませんでした。やはり微熱が続くというので、いよいよ、近くの日本医科大学附属病院で精密検査を受けることになりました。

それから十日程経ったある日、沖縄の父親が私のもとを訪ねてきました。私は父親の話を聞いてがく然としました。検査の結果、彼の腎臓は片側のほぼ全体が癌《がん》におかされ、あと半年の命と宣告されたというのです。あのときの父親の顔を私はいまだに忘れることができません。

医師を目指して、日々学ぶ息子がその志半ばにして、あと半年でこの世を去ろうとしている、父親の顔には息子を思う無念さが滲《にじ》み出ていました。私は言葉を失いました。

それから二ヶ月ほどしてからでしょうか。O君の病室を、彼と親交のあった塾生三人を連れて私は見舞いに行きました。もちろん私は連れの三人に、O君の病気のことは伏せていました。しかし、彼らは敏感でした。廊下にパジャマ姿で出てきたO君の姿を見て、何かを感じとったのだと思います。O君は頬がこけ、げっそり痩せていました。しばらくぶりに対面したにもかかわらず、彼らはほとんど会話を交わしませんでした。お互いに見つめ合うだけでただ静かな時が流れていきました。O君は私に一言、私が以前書いた「微分積分」の教科書を、病床で一日数ページずつ読んでいる、と告げました。彼は医学部への夢をあきらめていなかったのです。

帰り際、外に出ると、なぜか雨が降っていました。私たち四人は悲しい夕暮れをずぶ濡れになりながら、自転車で駆け抜けました。私はその日も、その翌日も、彼らとの会話の中でO君の話題を一切出しませんでした。でも、彼ら三人には、「生きていることの意義」、「学べることの幸福」、「自らに与えられている時間が無限であるわけではないこと」などが身にしみてわかったのだと思います。そして、生きているが故に、自分たちが走り続けねばならないことも。

それは、その後の彼らの生活態度、学問にかける情熱から、私にはよくわかりました。彼らは、それを機に変わりました。弱音を全く吐かなくなりました。彼ら三人はその後、医学部に入学し、現在は、内科医、精神科医として、都内の病院に勤務しています。

＊

話は変わりますが、何年か前に私は知人から**「あなたが虚しく生きた今日は、昨日亡くなった人があれほど生きたいと願った明日」**という名言を教えられました。まわりくどい表現なので、私にはその意味がただちにはわかりませんでした。しかし、ほどなく一切を理解しました。そのとき、背中がゾクゾクッとしたのを覚えています。そして、なぜか私は恥ずかしくてあたりを見回してしまいました。

〝無為に時を過ごせば、限りある人生はさらに短いものになる〟。その日から、私は努めてそう考えるようにしています。

PHP新書
PHP INTEFFACE
http://www.php.co.jp/

小林公夫［こばやし・きみお］

一橋大学大学院法学研究科博士後期課程修了。法学博士（一橋大学）。

現在、明治大学法科大学院教育補助講師として、刑法、刑事訴訟法を指導する傍ら、司法試験予備校Wセミナーでロースクール入試講座を担当している。

主著に『ドラゴン桜　9巻（三田紀房著、講談社）』でも取り上げられた『論理思考の鍛え方』（講談社現代新書）、一橋大学博士学位論文をまとめた『治療行為の正当化原理』（日本評論社）、『医学部の面接』（教学社）、『中学受験の天才シリーズ』（全4巻、エール出版社）などがある。

法曹人育成教育のほか、大学受験教育にも携わり、教学社の「赤本」（「大学入試シリーズ」）では、東京大学後期総合科目Ⅲの責任解答者も務めている。

「勉強しろ」と言わずに子供を勉強させる法

PHP新書602

二〇〇九年六月一日　第一版第一刷
二〇〇九年十月三十日　第一版第十二刷

著者——小林公夫
発行者——江口克彦
発行所——PHP研究所
東京本部——〒102-8331 千代田区一番町21
新書出版部 ☎03-3239-6298（編集）
普及一部 ☎03-3239-6233（販売）
京都本部——〒601-8411 京都市南区西九条北ノ内町11
組版——朝日メディアインターナショナル株式会社
装幀者——芦澤泰偉＋児崎雅淑
印刷所
製本所——図書印刷株式会社

ISBN978-4-569-70753-2

ＰＨＰ新書刊行にあたって

「繁栄を通じて平和と幸福を」(PEACE and HAPPINESS through PROSPERITY)の願いのもと、ＰＨＰ研究所が創設されて今年で五十周年を迎えます。その歩みは、日本人が先の戦争を乗り越え、並々ならぬ努力を続けて、今日の繁栄を築き上げてきた軌跡に重なります。

しかし、平和で豊かな生活を手にした現在、多くの日本人は、自分が何のために生きているのか、どのように生きていきたいのかを、見失いつつあるように思われます。そして、その間にも、日本国内や世界のみならず地球規模での大きな変化が日々生起し、解決すべき問題となって私たちのもとに押し寄せてきます。

このような時代に人生の確かな価値を見出し、生きる喜びに満ちあふれた社会を実現するために、いま何が求められているのでしょうか。それは、先達が培ってきた知恵を紡ぎ直すこと、その上で自分たち一人一人がおかれた現実と進むべき未来について丹念に考えていくこと以外にはありません。

その営みは、単なる知識に終わらない深い思索へ、そしてよく生きるための哲学への旅でもあります。弊所が創設五十周年を迎えましたのを機に、ＰＨＰ新書を創刊し、この新たな旅を読者と共に歩んでいきたいと思っています。多くの読者の共感と支援を心よりお願いいたします。

一九九六年十月

ＰＨＰ研究所